历史名窑 微观痕迹 ○

景德镇
青白瓷

代勇军／编著

文物出版社

图书在版编目（ＣＩＰ）数据

历史名窑微观痕迹：景德镇青白瓷 / 代勇军编著
. -- 北京：文物出版社，2021.7
ISBN 978-7-5010-5240-0

Ⅰ . ①历… Ⅱ . ①代… Ⅲ . ①青瓷（考古）– 鉴赏 – 景
德镇②白瓷（考古）– 鉴赏 – 景德镇 Ⅳ . ① K876.34

中国版本图书馆 CIP 数据核字 (2021) 第 060378 号

历史名窑微观痕迹：景德镇青白瓷

编　　著　代勇军

责任编辑　王　媛
装帧设计　段国华（解问品牌）
责任印制　张道奇
责任校对　赵　宁

出版发行　文物出版社
社　　址　北京市东直门内北小街 2 号楼
网　　址　http://www.wenwu.com
制版印刷　北京卡梅尔彩印厂
经　　销　新华书店
开　　本　889mm×1194mm　1/16
印　　张　18.75
版　　次　2021 年 7 月第 1 版
印　　次　2021 年 7 月第 1 次印刷
书　　号　ISBN 978-7-5010-5240-0
定　　价　599.00 元

代勇军

北京卡兰德文物鉴定器材科技有限公司董事长

卡兰德品牌创始人

传统眼学经验 + 微观痕迹真伪对比鉴定技术创导者

景德镇窑青白釉水月观音菩萨像　首都博物馆藏

序（一）

瓷器是中华民族的伟大发明之一。我们的祖先创造了丰富多彩、千姿百态的瓷器，中国古瓷作为珍宝深受世人喜爱，历史上曾被各国的皇家贵族追崇、收藏，如今在文物艺术品市场也屡创天价，成为一种重要的投资与收藏对象。也正因如此，越来越多的仿品、赝品充斥市场，不仅吞噬藏家的金钱，严重地扰乱市场，蚕食人们对收藏艺术品的热情与信心，还使文物保护也面临巨大挑战。面对五花八门的仿造技术，古瓷鉴定技术有待提高。

多年来，我们期盼后学之辈能在古陶瓷鉴定技术方面有所突破。今见代勇军所著《历史名窑微观痕迹》，是关于古瓷科技辨伪的工具书，运用显微痕迹分析技术揭示古代瓷器真品与赝品的区别，书中图文并茂，条理清晰，理论结合实践，显微图片与图解表达详尽。与同类书籍相比，本书的分析角度新颖，内容和方法多有创新，其将传统经验和微观痕迹结合，使研究者的视觉得到延伸，具有实用性与前瞻性。

代勇军是我认识的一位年轻学者，他耐心细致、实事求是，通过多年的实验与调查，在中国历代古瓷的痕迹辨伪研究方面颇有建树。他认真学习前辈们的传统鉴定方法，遍访各地的古窑址与文物市场，收集了大量的真伪文物标本，并对现代各种仿古瓷器的制作工艺及做旧方法深入研究，总结出一套把传统眼学鉴定与痕迹分析相结合的辨伪方法与理论。同时他还研制、开发了多种检测仪器，为文物鉴定工作者提供了技术支持，也为古瓷爱好者提高辨伪水平提供了有力帮助。

本人多年从事陶瓷研究工作，深知传统经验与科技相结合是未来文物鉴定的发展方向。随着大数据时代的到来，人工智能在文物科技鉴定方面也将大有可为，这就需要加强文物科技领域的基础研究，建立一套科学的鉴定数据库，其中微观痕迹鉴定是不可缺少的环节。

年轻的研究者们开始重视与坚持基础研究，并在这一方面有所创新与发展，令我由衷的欣慰，故作此序以表鼓励。希望年轻一代在未来的文物科技鉴定研究领域勇于探索，再结硕果！

叶佩兰

2020 年 9 月 18 日

序（二）

20世纪末，古董艺术品收藏蔚然成风，市场火爆，各类仿品、赝品层出不穷，仿造技术五花八门。当时的古陶瓷鉴定主要依靠鉴赏者长期积累的经验，即凭借肉眼从器形、纹饰、款识、工艺特征以及胎釉的密度、质地、光泽等方面分类断代并辨别真伪。老一辈的专家、学者们对不同时代、不同窑口的瓷器特征进行了尽可能全面的研究与总结，撰写了许多图文并茂的论著，为古陶瓷鉴定做出了巨大的贡献。

近年来，随着社会的进步与科技的发展，各种馆藏文物展览日益丰富，介绍古代陶瓷的高清媒体影像（如3D影像）与印刷精美的图录越来越多，为广大收藏爱好者提供了宝贵的学习资料，却也让仿造作伪者寻到了蓝本与便利。他们依据真品实物或高清影像，借助成熟的现代陶瓷科技生产仿品，首先竭力模仿器形、纹饰等器物外在特征，再用手工结合物理化学方法做旧，有些高仿品目测与真品几乎毫厘不差。

20世纪90年代初，本人开始涉足古瓷收藏，为提高眼力而博览群书，在文物工艺历史及断代分类方面受益匪浅，然而虽按图索骥小心翼翼，却依然屡遭赝品蒙骗。多次"打眼"的经历使我意识到，在面对现代高仿品时，单纯依靠肉眼看"长相"来鉴定的方式已经力不从心了，鉴定方法、理论不能停留在过去，必须探寻新的出路。既然仿造者利用现代科技来仿古做旧，我们为什么不能用现代科技手段来辨伪呢？当时科技检测虽然在考古与文物保护方面已经开始应用，但在鉴定领域却是刚刚起步，需要有人先来做基础研究。这注定是一条漫长而艰辛的道路，甚至可能需要几代人的努力。在确立了目标与方向后，我们秉承求真务实的原则，遍访各地的古代窑址与文物市场，收集了大量的真伪文物标本，对各种现代仿古制作工艺及做旧方法深入研究，同时研制开发了多种专门针对文物的科学分析检测仪器。

20世纪90年代中期，代勇军开始随我学习文物鉴定。我们共同探索文物科技鉴定的新路，着手建立数据库和研制开发检测仪器，率先提出在文物鉴定中可以参照痕迹辨伪，即从器物的原料痕迹、工艺痕迹、环境痕迹（老化痕迹）、作伪痕迹等方面研究真品与仿品的差异。瓷器是我们祖先用一把泥土创造的灿烂文明，除了与生俱来的时代特征外，其生产过程中的每道工序都是当时生产条件与工匠技艺的结合。一件古瓷从原料选取、粉碎、配制，到器物塑形、加工、装饰，再到入窑、烧制、成瓷，各个环节都会留下特殊的痕迹，即原料痕迹、工艺痕迹；在包装、运输、使用、保存时也会留下痕迹，如出土痕迹、出水痕迹、使用痕迹等。最为重要的是，古瓷在漫长的存世过程中会与环境作用留下自然的老化痕迹，如陶瓷内部结构的老化、改变，外部遭受的侵蚀、风化、氧化等，这些漫长渐变的老化痕迹与人为做旧痕迹有着本质的区别。现代仿品虽然可以从"长相"上竭力模仿真品，但其生产工艺与所经历的时空环境是无法复制的，通过各种手段来模拟与伪装必然会留下各种作伪痕迹。痕迹辨伪是科技辨伪中最基础的方法，在文物鉴定方面效果十分明显。经过多年的研究，我们建立了可用于辨伪的文物科技信息综合数据库，为大数据时代以及人工智能在文物鉴定方面的运用和发展积累了大量的基础数据。在实战中，结合科学仪器运用痕迹鉴定方法辨伪有较高的实用性与前瞻性。

代勇军心醇气和、怀质抱真，师从我二十余载，在文物科技鉴定数据库研发中是我的得力助手，在我们的科研团队中主要负责真伪文物标本的痕迹采集与分析。多年的实验室工作使他养成了耐心细致、实事求是的科学作风，打下了坚实的理论与实践基础。他在艰辛的工作中砥志研思、力学笃行，在单调枯燥的科研过程中不仅取得了多项技术专利，还把科研成果运用到了鉴定服务中，逐步开发了卡兰德系列鉴定仪器，将科研、技术与鉴赏完美结合，在文物科技鉴定领域开辟了属于自己的"一席之地"。使用这些仪器不仅可以帮助鉴赏者有效地判断文物真伪，所采集的数据还可以方便地在互联网传递，为艺术品远程鉴定以及鉴定中的物证采集提供技术支持。

今见爱徒《历史名窑微观痕迹》即将付梓出版，倍感欣慰。微观痕迹对比鉴定法作为辅助的科技鉴定手段相对较易掌握。本书以历史名窑为脉络，通过对真伪文物标本的微观痕迹进行图像解析对比，将抽象复杂的感官鉴定具体化、形象化，使读者一目了然，从而提高鉴赏水平。

是为序。

2020 年 9 月 20 日

瓷器鉴赏学习之路参考

以文献资料为主导

了解文物知识应首先从文献资料开始。例如想了解青花瓷的发展历史及其产品的造型、装饰工艺、纹饰和胎釉特点等，可以先购买相关考古报告、研究文集、精品图录认真学习。

到博物馆参观

从书中了解文物信息后可以再去藏品可靠的博物馆去观摩实物。例如故宫博物院、中国国家博物馆等，对比书中的理论知识来观察实物，让眼力（视觉记忆）得到提升。

购买相关瓷器、瓷片上手

　　有了理论基础并到博物馆参观过藏品实物，可以在古玩市场、文物商店以及信用比较有保障的拍卖网络或实体购买相关的瓷器标本，包括瓷片、残件、整器标本，有时也要适当购买一些现代仿古瓷，作为学习鉴定的对比标本。

总结眼学经验的同时结合微观痕迹辅助鉴定

　　以眼学经验为基础，用卡兰德微观痕迹对比排除法识别新老痕迹，鉴定瓷器的新老、真伪。作为辅助方式，痕迹鉴定的最终目标还是提升眼力。

瓷器微观痕迹辅助鉴定的注意事项

　　研究对比新老痕迹时要以窑口和品种为基础进行分类，各窑口和各品种瓷器的胎釉品质不同，在同一环境下产生的痕迹也不同，要有针对性地研究痕迹。如宋代景德镇青白瓷胎釉痕迹和宋代龙泉窑青瓷胎釉痕迹不能以同一种方式解读，因为二者胎釉材质、釉面硬度和所处环境是不同的。再如明代青花瓷与清代青花瓷出土痕迹也不能以同一种方式解读，因为二者青花用料、埋藏时间和所处环境不同。正确的对比方式是将宋代景德镇青白瓷与现代仿宋代景德镇青白瓷对比、宋代龙泉窑青瓷与现代仿宋代龙泉窑青瓷对比、明代青花瓷与现代仿明代青花瓷对比。要以窑口、品种、年代、所处环境出现的痕迹为主要判断依据，不能把一个窑口或一个品种的老化痕迹套用到所有窑口或品种上。

景德镇青白瓷

历史名窑 微观痕迹

景德镇青白瓷
眼学鉴定要点

眼学鉴定，主要从器形、装饰工艺、胎、釉、底足几方面着手。

一、器形

掌握器形的时代特征，如盘、瓶、壶、碗的造型标准。制瓷匠人具有娴熟的手法，拉坯制作的器形规整、线条流畅，具有艺术的美感。现代仿古匠人只能仿其形，不能仿其韵，所以有些仿品器形极其规整、线条过于流畅，但就是缺少古老的韵味，这一点需要多观察实物才能体会到。（图 1.1.1—1.1.2）

图 1.1.1 古瓷器形

图 1.1.2 现代仿古瓷器形

二、装饰工艺

掌握装饰工艺的时代特征，如龙纹、凤纹、婴戏、海水、缠枝花卉等纹饰特征。古代匠人无论是刻花、划花、印花、篦划，其工法流畅自然，感觉是随心所欲不逾矩、娴熟利落。而现代匠人为了仿古，工法失去了流畅自然的感觉，显得呆板，有时还会画蛇添足，增加一些多余的细节。深入观察体会古代匠人技法的神韵是鉴别之重。（图 1.2.1—1.2.12）

图 1.2.1 古瓷刻花工艺

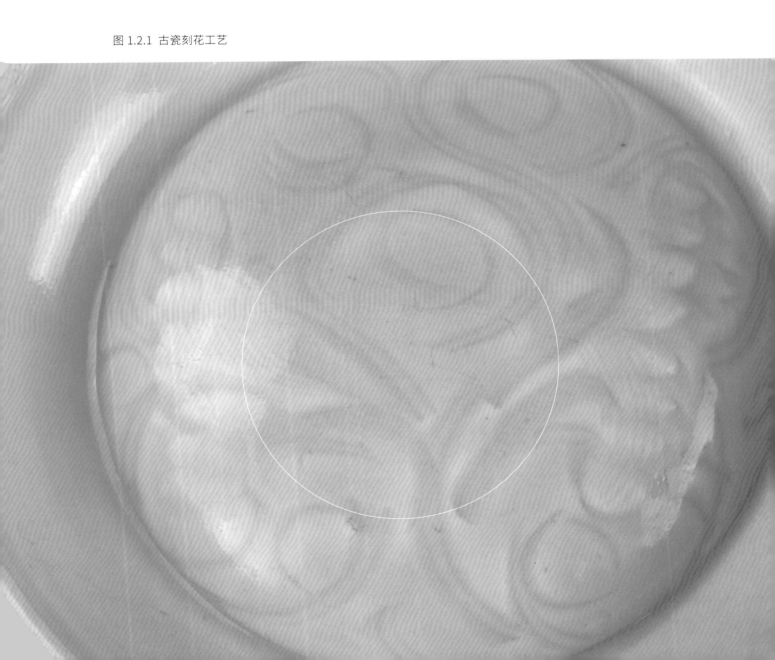

图 1.2.2 现代仿古瓷刻花工艺

图 1.2.3 古瓷刻划花工艺

图 1.2.4 现代仿古瓷刻划花工艺

图 1.2.5 古瓷划花工艺

图 1.2.6 现代仿古瓷划花工艺

图 1.2.7 古瓷模印花工艺

图 1.2.8 现代仿古瓷模印花工艺

图 1.2.9 古瓷模印花工艺

图 1.2.10 现代仿古瓷模印花工艺

图 1.2.11 古瓷模印花工艺

图 1.2.12 现代仿古瓷模印花工艺

三、胎

五代至宋的青白瓷采用瓷石作为胎料，属于一元配方，为高硅、低铝、低铁，相对于元代瓷石与麻仓土混合的二元配方，胎质较粗松。此外由于是手工制作，瓷土采用碓、碾粉碎，人工淘炼，所以虽然修坯精细，胎体较薄，具有古朴干爽的感觉，但胎质并不细腻。而现代仿古青白瓷胎质颗粒细小均匀，胎色洁白，细腻光滑，十分坚挺，很容易辨别。（图 1.3.1—1.3.10）

图 1.3.1 古瓷瓷胎

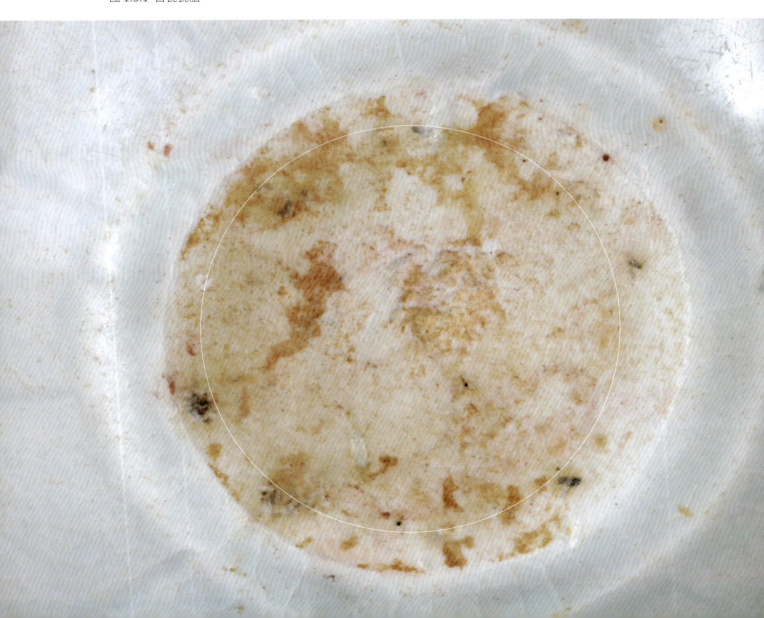

图 1.3.2 现代仿古瓷瓷胎

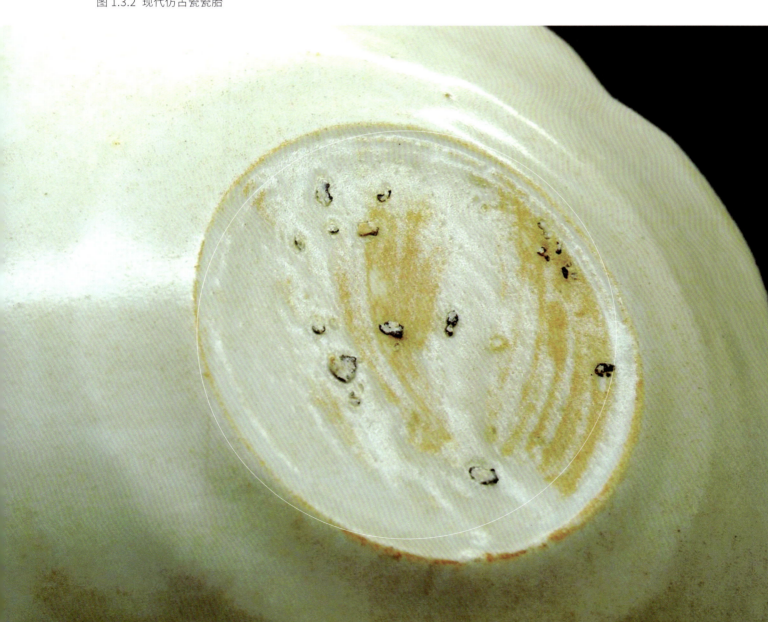

图 1.3.3 古瓷瓷胎

图 1.3.4 现代仿古瓷瓷胎

图 1.3.5 古瓷瓷胎

图 1.3.6 现代仿古瓷瓷胎

图 1.3.7 古瓷瓷胎

图 1.3.8 现代仿古瓷瓷胎

图 1.3.9 古瓷瓷胎

图 1.3.10 现代仿古瓷瓷胎

四、釉

由于釉料中含有微量的铁成分，在烧制过程的还原气氛下会呈现淡青色，所以青白瓷釉色的特点是青中泛白、白中闪青。釉面经多年老化，肉眼感觉光泽柔和、莹润，大部分具有"宝光"的效果。（图1.4.1—1.4.6）

图 1.4.1 古瓷釉光

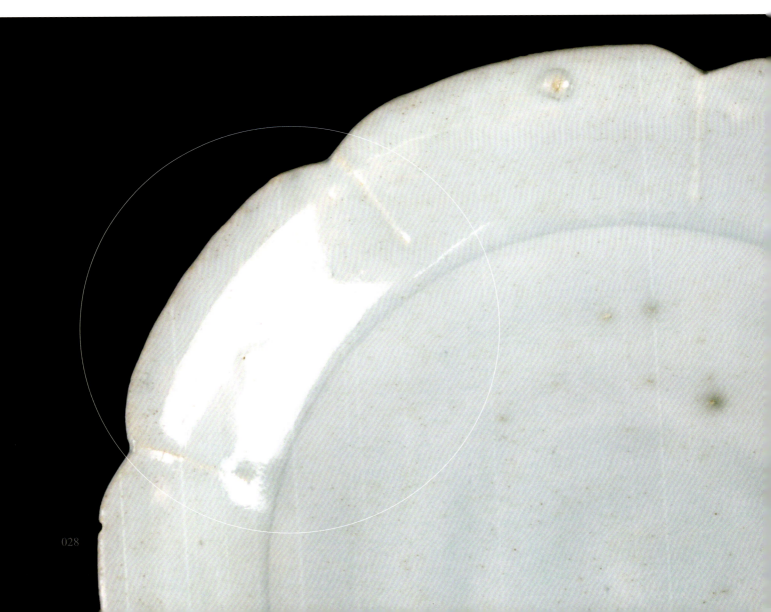

图 1.4.2 现代仿古瓷釉光（釉面经化学腐蚀）

图 1.4.3 古瓷釉光

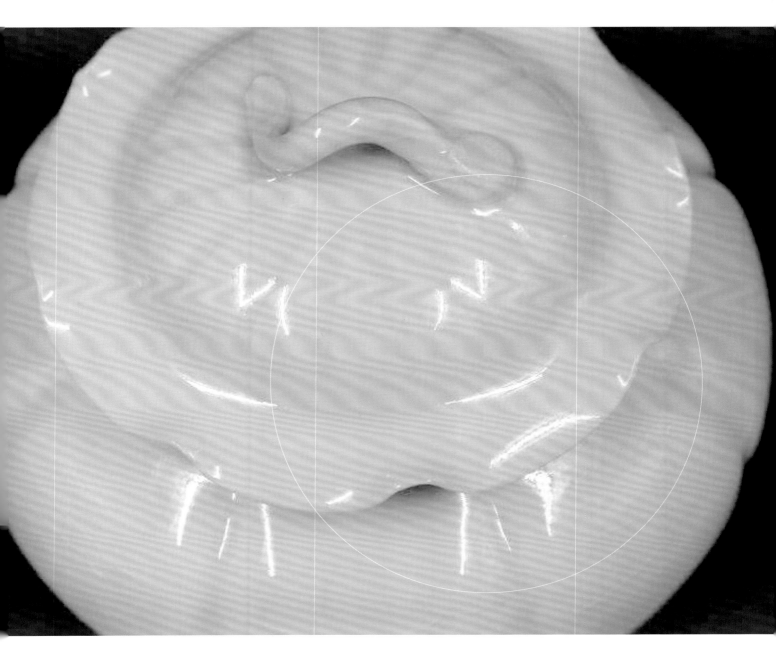

图 1.4.4 现代仿古瓷釉光

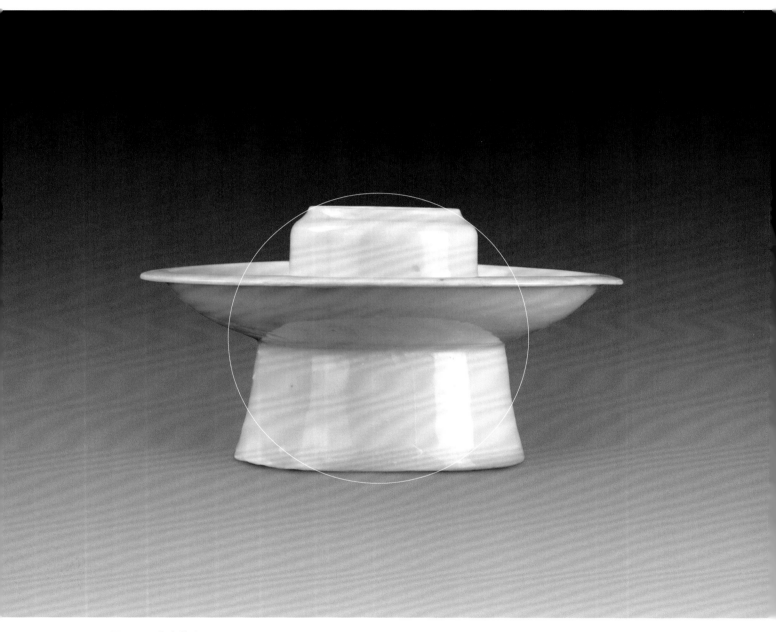

图 1.4.5　古瓷釉光

图 1.4.6 现代仿古瓷釉光（釉面经化学腐蚀）

五、底足

五代至宋的青白瓷基本上采用圈足内垫渣饼装烧、涩圈叠烧和芒口覆烧三种方法。垫饼烧制的痕迹呈淡土黄色或褐黄色，深浅不一、过渡自然；涩圈和芒口烧制痕迹则呈现出胎质古朴干爽的感觉。现代仿品也采用这几种烧制方法，但垫饼痕迹相对较深，呈黄黑色，有生湿的感觉；涩圈和芒口露胎较细腻，没有古朴干爽的感觉。有些现代仿古瓷底足涂抹黄泥冒充出土器物。（图 1.5.1—1.5.2）

图 1.5.1 古瓷底足

图 1.5.2 现代仿古瓷底足

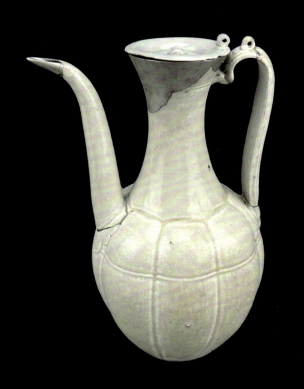

景德镇青白瓷
微观痕迹辅助鉴定要点

景德镇青白瓷以窑址、墓葬和城市遗址出土为主，传世留存器物不多，本章以标本为例，简要介绍使用卡兰德微观痕迹检测设备辅助鉴定景德镇青白瓷的要点。

一、古瓷老化痕迹

本书所采集的景德镇窑青白瓷标本基本为南方出土。南方土壤酸度相对北方要高，瓷器在地下较高的温湿度环境中日积月累的受到弱酸碱物质侵蚀，微观可见釉面和釉下呈现各种老化痕迹现象。

为了方便学习和记忆，我们对每一种老化痕迹进行编号和命名。

（一）釉下棉絮状白色钙化晶体斑块痕迹（土沁）

1. 痕迹解读

见图 2.1.1— 2.1.6。

2. 使用设备

卡兰德折射光微观痕迹鉴别仪 50 倍 /100 倍。

3. 操作方法

直接显微和折射光亮区显微拍照记录。

4. 成因分析

出土瓷器日积月累受温湿弱酸性土壤侵蚀影响，釉内矿物发生变化，由釉下向釉上缓慢生长而成，简称土沁。

5. 痕迹位置

棉絮状斑块位置不固定，有处于裂纹（开片）附近釉下的，也有处于完整釉面下的。

6. 痕迹形态

密集的棉絮状白色晶体斑块组合成片或成带分布于釉下，由釉下向釉上缓慢生长。100 倍折射光显微亮区观察，斑块以上的釉面不会形成同形态的腐烂痕迹；同一位置有个别晶体斑块会顶破完整的釉面，形成稀疏的坑点状或晶体花状痕迹；釉面基本完整。

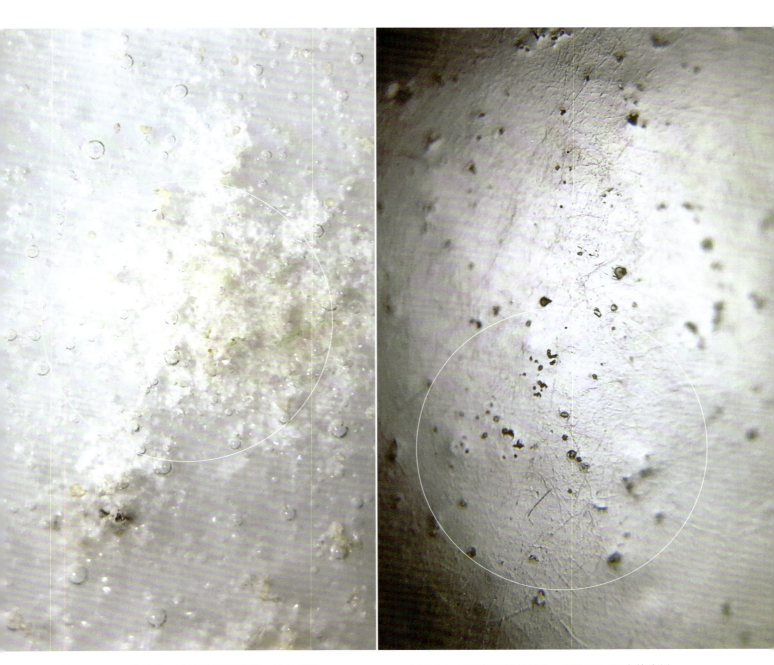

图 2.1.1 100 倍显微：完整釉面下密集一处的棉絮
状白色钙化晶体斑块痕迹

图 2.1.2 100 倍折射光显微：呈现不同形态的腐烂
痕迹，证明棉絮状白色晶体斑块是从釉下生成的

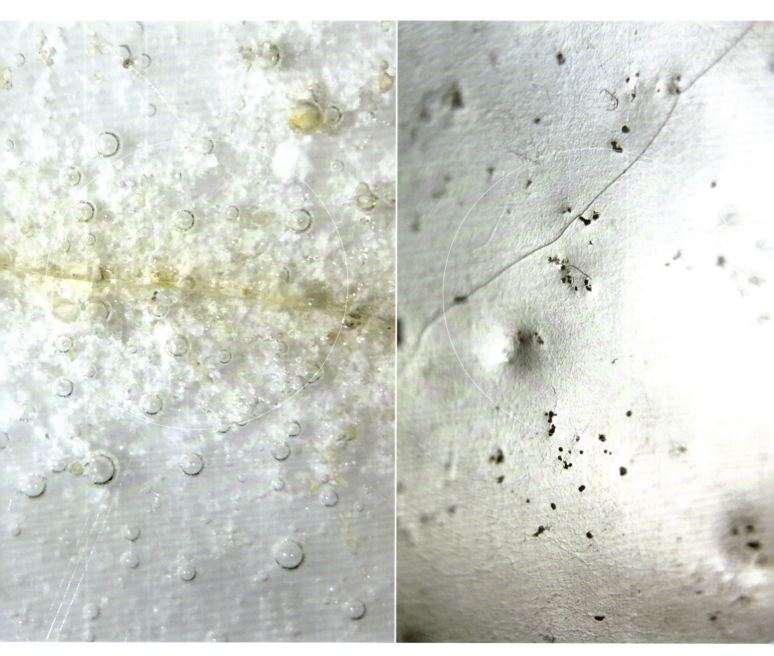

图 2.1.3 100 倍显微：釉面下集中于裂纹（开片）附近的棉絮状白色钙化晶体斑块痕迹

图 2.1.4 100 倍折射光显微：呈现不同形态的腐烂痕迹

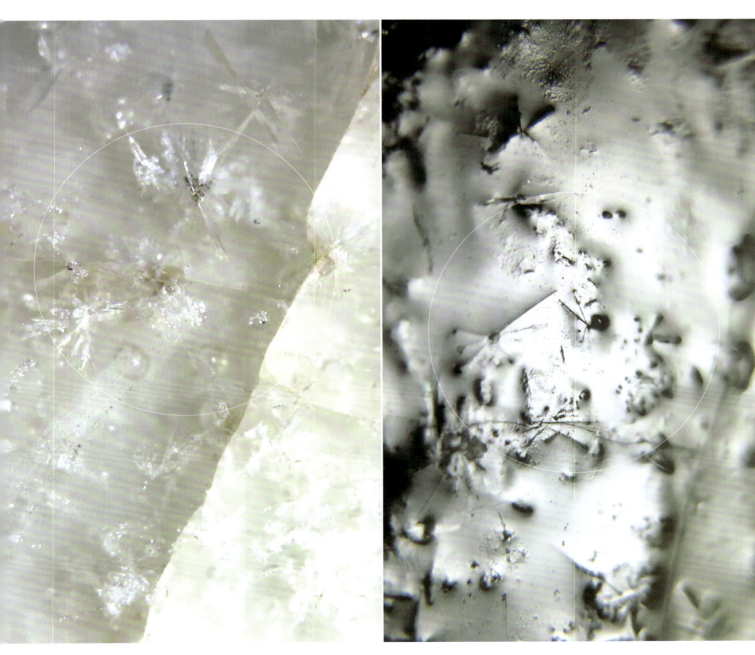

图 2.1.5　100 倍显微：釉面下集中于裂纹（开片）附近的棉絮状白色钙化晶体斑块和花状晶体痕迹

图 2.1.6　100 倍折射光显微：呈现不同形态的腐烂痕迹

（二）污染变色气泡痕迹（水沁）

1. 痕迹解读

见图 2.1.7—2.1.12。

2. 使用设备

卡兰德折射光微观痕迹鉴别仪 50 倍 /100 倍。

3. 操作方法

直接显微和折射光亮区显微拍照记录。

4. 成因分析

器物在含有微小杂质的有水环境中存放，水渗透到带有裂纹（开片）的瓷器釉面以下，裂纹附近破损的气泡及胎釉结合处受微小杂质的污染，由于微小杂质自然氧化而形成浅土黄色、土黄色、深褐色等不同颜色，简称水沁。

5. 痕迹位置

污染变色气泡位置不固定，有处于裂纹（开片）附近的，也有处于釉面表层破损气泡附近的，但只有破损的位置才会形成。

6. 痕迹形态

破损气泡变色或胎釉结合处变色。100 倍折射光亮区显微观察，釉下变色气泡上层的釉面不会形成同形态的腐烂痕迹，釉面层破损的变色气泡呈现破口痕迹。

图 2.1.7 100 倍显微：裂纹（开片）附近釉下污染变色痕迹

图 2.1.8 100 倍折射光显微：呈现不同形态的腐烂痕迹，证明污染变色是从釉下生成的

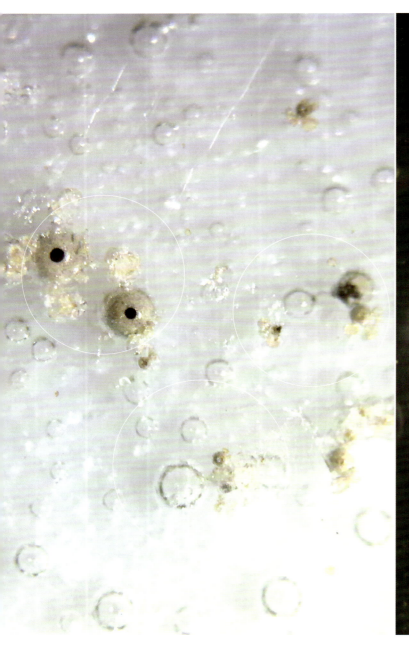

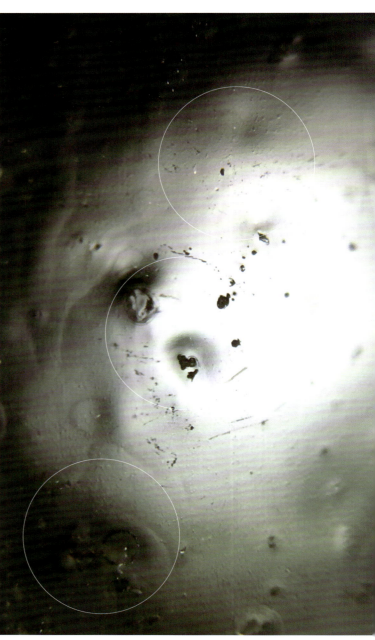

图 2.1.9 100 倍显微：釉面污染变色气泡痕迹

图 2.1.10 100 倍折射光显微：破损的变色气泡呈现破口痕迹，其他位置的釉面完整，证明污染变色是从气泡内部生成的

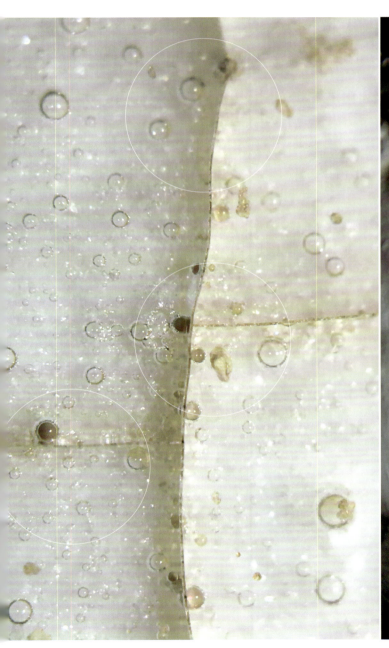

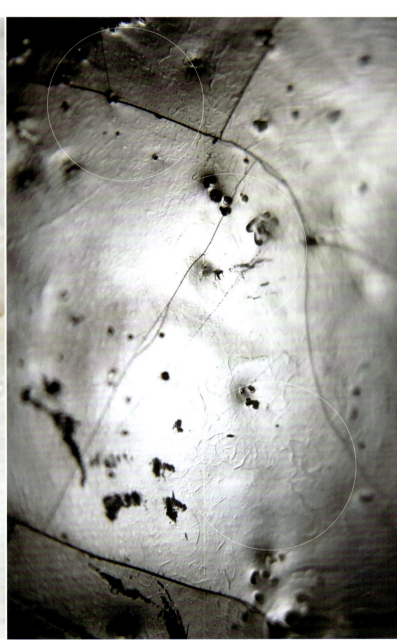

图 2.1.11 100 倍显微：裂纹（开片）附近釉下污染
变色气泡痕迹

图 2.1.12 100 倍折射光显微：呈现不同形态的腐烂
痕迹，证明污染变色是从釉下生成并附着于釉下破
损的气泡内

（三）釉面筋脉纹理痕迹（釉面老化）

1. 痕迹解读

见图 2.1.13—2.1.18。

2. 使用设备

卡兰德折射光微观痕迹鉴别仪 50 倍 /100 倍。

3. 操作方法

折射光亮区微观拍照记录。

4. 成因分析

出土瓷器日积月累受温湿弱酸性土壤侵蚀影响，矿物发生化学反应使釉面产生变化，简称釉面老化。此外传世瓷器因使用、摆放、清洁，釉面也会产生自然损伤，损伤的形态长短不一、走向杂乱无章，损伤边沿形成钝化圆润现象，简称软伤。

5. 痕迹位置

不是所有青白瓷上都会形成筋脉纹理，且因所处环境不同、埋藏位置不同、侵蚀程度不同，釉面上形成的筋脉纹理位置也不固定，有的在器物外壁，有的在器物内壁。自然使用导致的软伤痕迹多形成于器物经常使用磨损的部位，位置也不固定。

6. 痕迹形态

筋脉纹理如同人体的神经血脉分布，在釉面上凸起，有的比较明显，有的比较轻微。

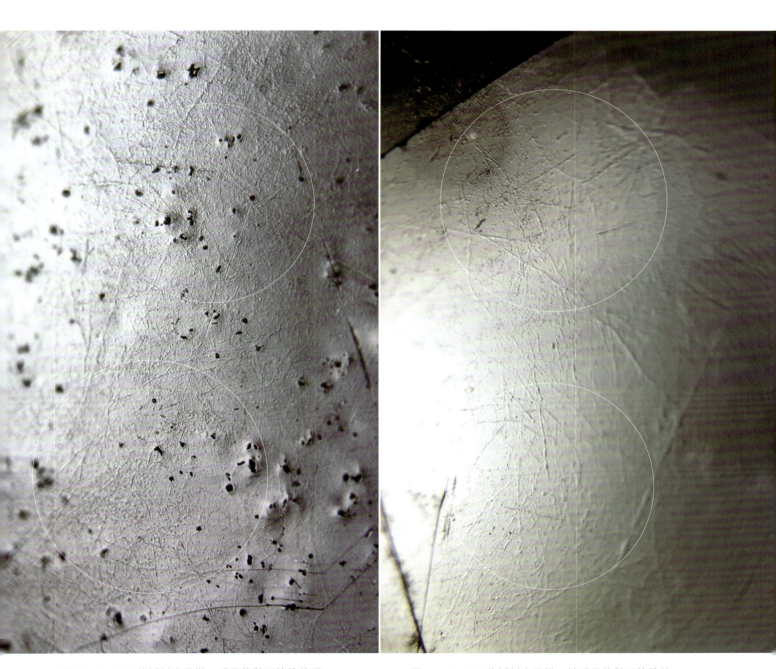

图 2.1.13 100 倍折射光显微：明显的釉面筋脉纹理
痕迹

图 2.1.14 200 倍折射光显微：较明显的釉面筋脉纹
理痕迹

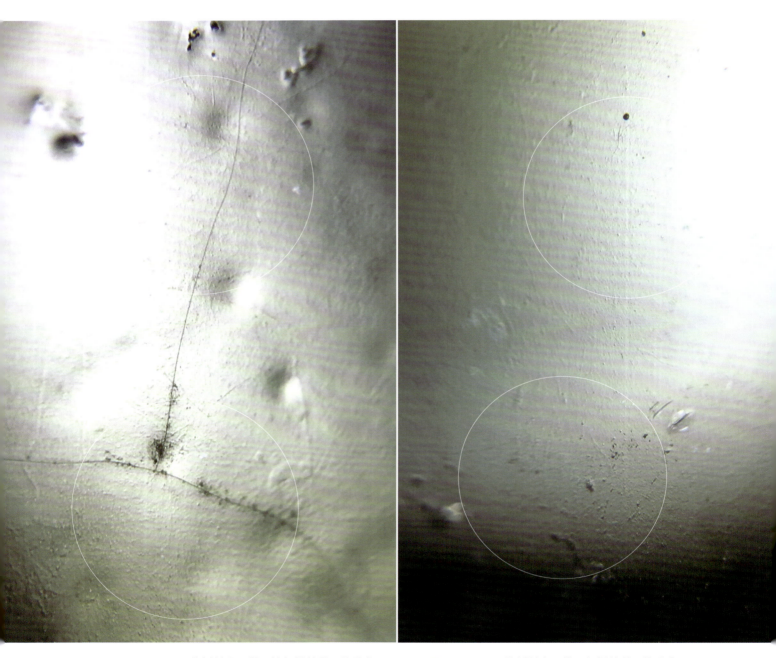

图 2.1.15 100 倍折射光显微：较轻微的釉面筋脉纹理痕迹

图 2.1.16 100 倍折射光显微：轻微的釉面筋脉纹理痕迹

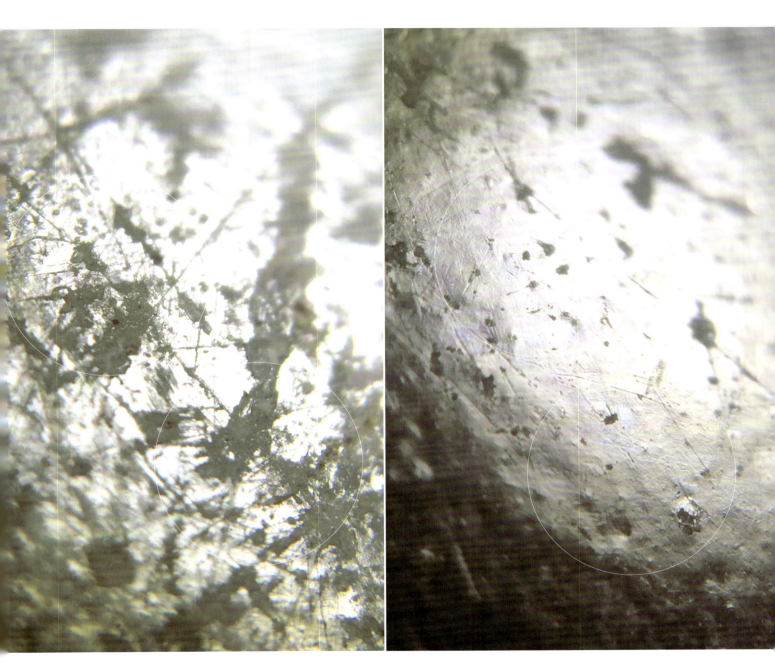

图 2.1.17　100 倍折射光显微：古瓷埋藏前曾日常使用过，出土后呈现自然使用形成的软伤痕迹

图 2.1.18　100 倍折射光显微：古瓷日常摆放使用形成的牛毛软伤痕迹

（四）口沿底足胎体"风干糯化"痕迹（胎体老化）

1. 痕迹解读

见图 2.1.19—2.1.22。

2. 使用设备

卡兰德手持式双光源环形无影灯放大镜 10 倍 /20 倍。

3. 操作方法

直接放大拍照记录。

4. 成因分析

宋代景德镇青白瓷的胎料是一元配方，用当地的瓷石粉碎后制作，由于当时的碾磨技术相对落后，所以胎质相对粗糙，烧成后即开始衰变老化，简称胎体老化。这一过程还受胎体附着物的影响，胎体和附着物都会发生化学变化。

5. 痕迹位置

主要观察器物未挂釉处，如芒口覆烧无釉的口沿处、露胎无釉的足底处。

6. 痕迹形态

老化的胎，肉眼看起来古朴干爽，不太细腻，胎料颗粒圆钝如蒸熟的糯米再经风干，即"风干糯化"的感觉。

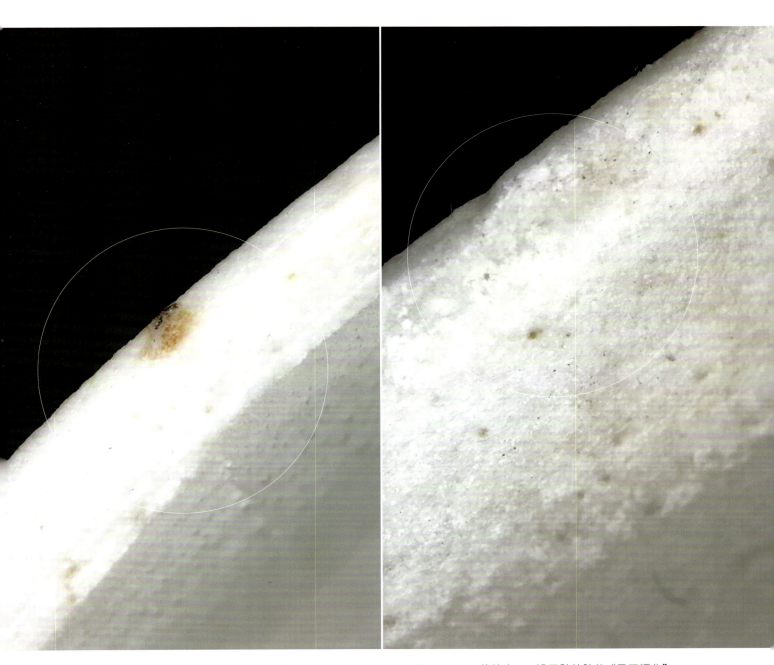

图 2.1.19 20 倍放大：口沿无釉处胎体老化痕迹

图 2.1.20 20 倍放大：口沿无釉处胎体"风干糯化"痕迹

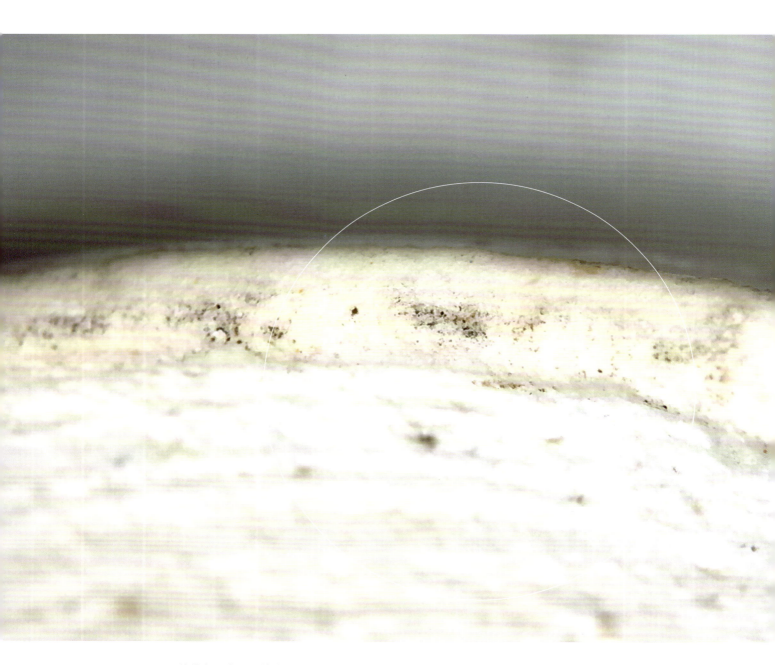

图 2.1.21 20 倍放大：底足无釉处胎体老化痕迹

图 2.1.22 20 倍放大：底足无釉处胎体"风干糯化"痕迹

（五）附着物彩斑光晕痕迹（蛤蜊光）

1. 痕迹解读

见图 2.1.23—2.1.26。

2. 使用设备

卡兰德折射光微观痕迹鉴别仪 50 倍 /100 倍。

3. 操作方法

折射光亮区微观拍照记录。

4. 成因分析

青白瓷釉本身不易产生七彩光晕，多为其釉面附着物发生化学变化生成一层肉眼看不到的薄膜，膜中不同的物质对光的反射、吸收情况不同而发生光波色散效应，形成七彩光斑，简称蛤蜊光。

5. 痕迹位置

一般在釉面附着物的周围形成。

6. 痕迹形态

彩斑呈片状，以七彩薄膜形态附着于釉面，大部分青白瓷上没有。形成蛤蜊光的瓷器釉面上同时还会有其他老化痕迹。

图 2.1.23 100 倍折射光显微：附着物彩斑光晕　　　图 2.1.24 100 倍折射光显微：附着物彩斑光晕

图 2.1.25 100 倍折射光显微：附着物彩斑光晕

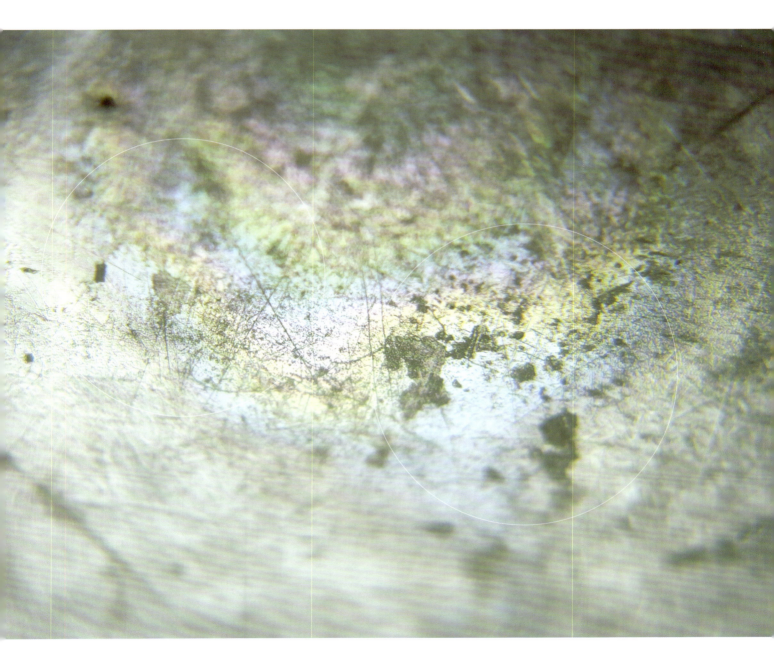

图 2.1.26 100 倍折射光显微：附着物彩斑光晕

二、现代仿古瓷做旧痕迹

现代仿古青白瓷的造型、装饰工艺等方面都几近古器，但其出窑后釉面会反射出强烈生硬的光泽，俗称"贼光"，胎足也有"新气"，没有任何老化特征。造假者通过各种物理或化学方法做旧，使仿古瓷的釉光、胎足和老化特征接近古器，用肉眼很难识别。

为了方便学习和记忆，我们也把每一种做旧痕迹进行编号和命名。

（一）化学做旧仿土沁痕迹

1. 痕迹解读

见图 2.2.1—2.2.6。

2. 使用设备

卡兰德折射光微观痕迹鉴别仪 50 倍 /100 倍。

3. 操作方法

直接显微和折射光亮区显微拍照记录。

4. 成因分析

用强酸性或强碱性化学制剂兑水浸泡、涂抹或加温沸煮仿古瓷，期间加入黄泥等，短时间可以将釉面腐蚀破坏，使原本光洁平整的釉面呈现密集破损痕迹或密集凸出斑点痕迹。仿古瓷釉面破损变化形成漫反射，肉眼看起来光泽柔和、莹润。酸性或碱性物质的进入会在釉面的腐烂处形成一些白色粉末状斑块。个别快速腐蚀还会使釉面产生棉絮状晶体斑块，但不同于古瓷的棉絮状晶体，只在釉表层形成，没有从釉下缓慢生长的痕迹。部分仿古瓷釉料内加有大颗粒的现代耐高温矿物，烧制时矿物晶体没有完全熔化，会在釉层内形成分散的白色颗粒，同样没有从釉下缓慢生长的痕迹。

5. 痕迹位置

大部分仿古瓷是整器浸泡，也有个别是局部涂抹，痕迹位置不固定。

6. 痕迹形态

仿古瓷釉面因受到腐蚀而破损，痕迹面积大小不一，肉眼看起来似白色晶体斑块，但微观可以发现只是在釉面破损处形成的白色粉末或表层棉絮状晶体，或是分散在釉层中的白色颗粒，没有生长根源，不是在釉下缓慢生成的。100 倍折射光显微亮区观察，釉面呈现相同形态的腐烂痕迹。

图 2.2.1　100 倍显微：釉面经化学腐蚀形成白色粉
　　末状斑块仿土沁痕迹，只存在于釉面腐烂处

图 2.2.2　100 倍折射光显微：呈现相同形态的腐烂
　　痕迹，证明白色晶体斑块是釉面腐饨生成的

图 2.2.3　100 倍显微：化学腐蚀釉面形成棉絮状白
色晶体斑块仿土沁痕迹，只存在于釉表层

图 2.2.4　100 倍折射光显微：呈现相同形态的腐烂
痕迹

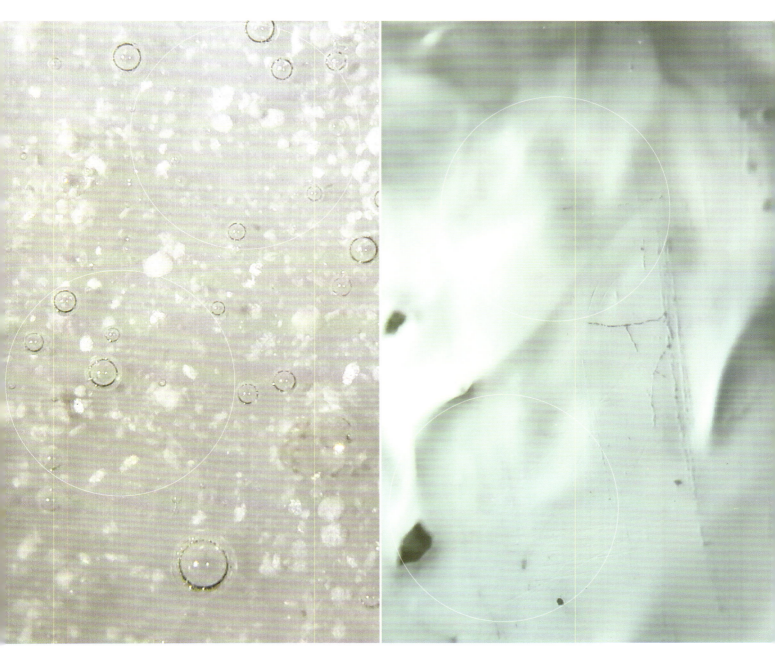

图 2.2.5 100 倍显微：釉料中大颗粒的耐高温矿物晶体未熔化，在釉层内形成分散的白色颗粒

图 2.2.6 100 倍折射光显微：釉面光滑平整，没有自然老化痕迹

（二）化学做旧仿水沁痕迹

1. 痕迹解读

见图 2.2.7—2.2.10。

2. 使用设备

卡兰德折射光微观痕迹鉴别仪 50 倍 /100 倍。

3. 操作方法

直接显微和折射光亮区显微拍照记录。

4. 成因分析

仿古瓷做旧时在釉面腐烂处、裂纹处或破损气泡处涂抹黄泥等，形成单一的颜色沉积现象。

5. 痕迹位置

位置不固定，有处于开片附近的，也有处于釉面表层破损气泡附近的，但只有破损的位置才会形成。

6. 痕迹形态

釉面腐烂处会形成不规律的单一色污染，裂纹开口处会沉积单一色污染，破损气泡内也会形成单一色污染，但都没有自然老化的颜色深浅变化。100 倍折射光显微亮区观察，釉面呈现相同形态的腐烂痕迹。

图 2.2.7　100 倍显微：裂纹（开片）处人为腐蚀污染的单一色物质

图 2.2.8　100 倍折射光显微：呈现相同形态的腐烂痕迹

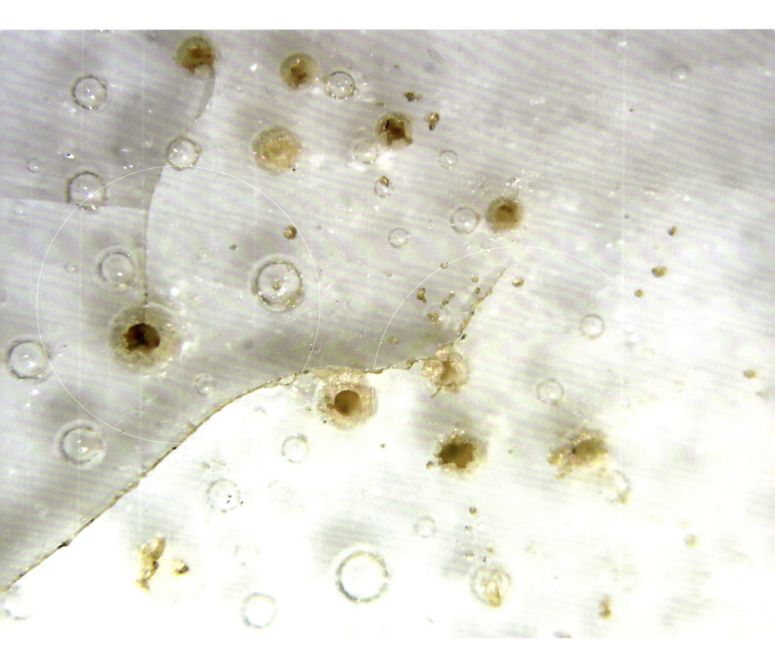

图 2.2.9 100 倍显微：化学腐蚀破损气泡内人为污染的单一色物质，没有深浅变化

图 2.2.10 100 倍折射光显微：呈现相同形态的腐烂痕迹

（三）釉面腐蚀及损伤痕迹（釉面做旧）

1. 痕迹解读

见图 2.2.11—2.2.14。

2. 使用设备

卡兰德折射光微观痕迹鉴别仪 50 倍 /100 倍。

3. 操作方法

折射光亮区微观拍照记录。

4. 成因分析

用强酸性或强碱性化学制剂兑水浸泡、涂抹或加温沸煮仿古瓷，短时间内腐蚀破坏釉面，冒充古瓷光泽，简称釉面化学做旧。用砂纸打磨釉面形成损伤，釉面发生漫反射，肉眼看起来光泽柔和、莹润，人工损伤形态长、直、组、硬，有规律性，简称釉面物理做旧。

5. 痕迹位置

大部分仿古瓷是整器做旧，也有个别局部做旧，痕迹位置不固定。

6. 痕迹形态

因所受腐蚀程度不同，痕迹形态也不同。腐蚀严重会造成大面积的腐烂斑，腐蚀较轻微则会在光洁平整的釉面上产生凸出斑点，这些凸点与釉内气泡的分布程度相对应，靠近釉面的气泡会被腐蚀破损。凸点有的较密集，有的轻稀疏，不同于古瓷的自然腐蚀形态。

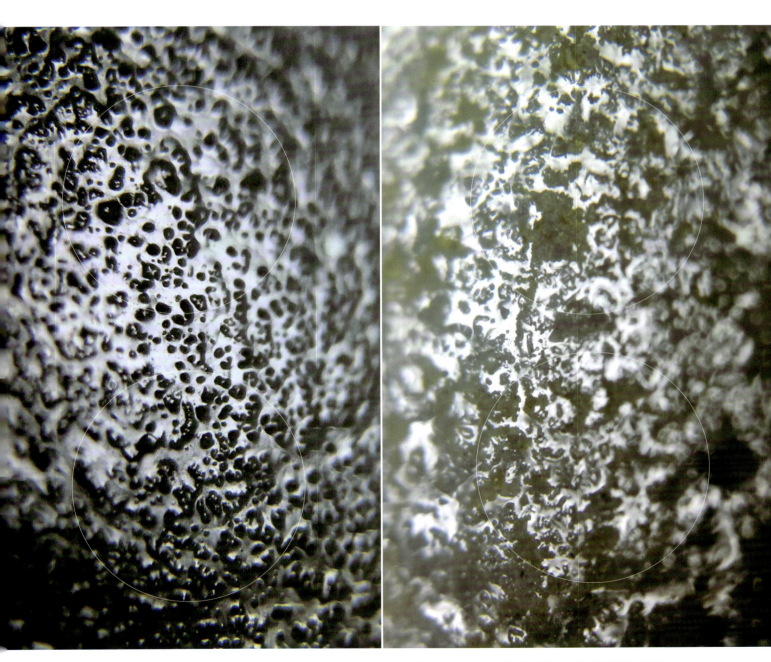

图 2.2.11 100 倍折射光显微：典型的釉面化学做旧，
光洁平整的釉面上有密集的凸出斑点，是较轻微的
化学腐蚀痕迹

图 2.2.12 100 倍折射光显微：典型的釉面化学做旧，
釉面被严重腐蚀，呈现大面积的腐烂斑痕迹

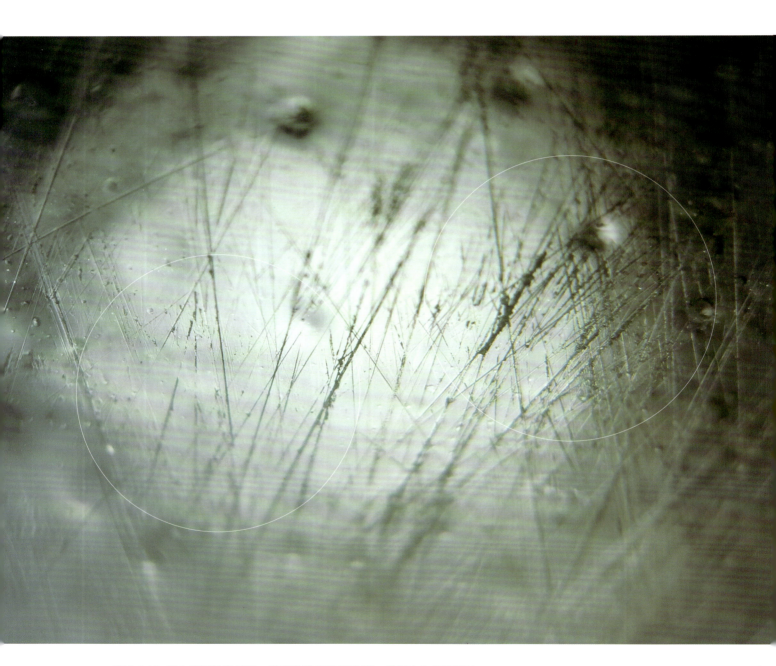

图 2.2.13　200 倍折射光显微：典型的釉面物理做旧，呈现人为打磨痕迹

图 2.2.14 100 倍折射光显微：典型的釉面物理做旧，呈现人为打磨痕迹

（四）胎体做旧痕迹

1. 痕迹解读

见图 2.2.15—2.2.20。

2. 使用设备

卡兰德手持式双光源环形无影灯放大镜 10 倍 /20 倍，卡兰德折射光微观痕迹鉴别仪 50 倍 /100 倍。

3. 操作方法

直接放大拍照记录。

4. 成因分析

现代胎料为多元配方，但由于碾磨技术高，颗粒细小均匀，肉眼观察胎体感觉生湿、细腻。为了仿造古瓷的胎质，使用化学试剂短时间内腐蚀胎体可使其颗粒圆润，但生湿、细腻感仍存在。

5. 痕迹位置

主要是器物未挂釉处，如芒口覆烧无釉的口沿处、露胎无釉的足底处。

6. 痕迹形态

现代胎料与古代胎料不同，生湿和细腻感比较强，快速腐蚀造成的痕迹相对没有古朴干爽的感觉。此外，现代电气窑炉烧制时，在胎体底足与窑床之间多撒有耐高温的氧化铝粉以防止粘连，烧制完成后会有氧化铝粉颗粒残留，使用微观鉴别仪可以看到这些痕迹。

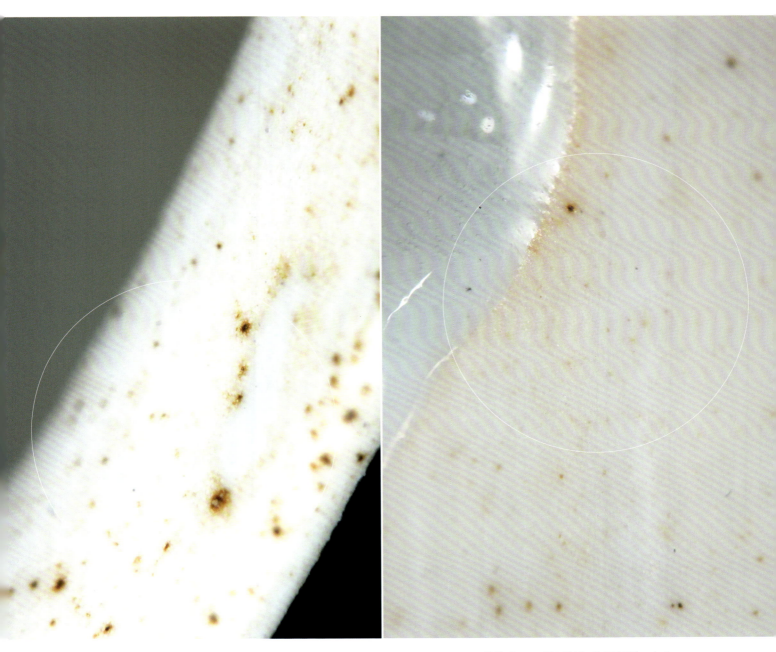

图 2.2.15 20 倍放大：口沿无釉处胎质细腻，有生湿感

图 2.2.16 20 倍放大：口沿无釉处胎质细腻，有生湿感

图 2.2.17 20 倍放大：底足经化学腐蚀，颗粒圆润，
但仍有细腻、生湿感

图 2.2.18 20 倍放大：底足经化学腐蚀，颗粒圆润，
但仍有细腻、生湿感

图 2.2.19 100 倍显微：耐高温氧化铝粉垫烧残留颗
粒痕迹

图 2.2.20 100 倍显微：耐高温氧化铝粉垫烧残留颗
粒痕迹

（五）人为附着物彩斑光晕痕迹（仿蛤蜊光）

1. 痕迹解读

见图 2.2.21—2.2.22。

2. 使用设备

卡兰德折射光微观痕迹鉴别仪 50 倍 /100 倍。

3. 操作方法

折射光亮区微观拍照记录。

4. 成因分析

化学方法制作。

5. 痕迹位置

位置不固定。

6. 痕迹形态

形状没有规律，以七彩薄膜形态附着于釉面，容易脱落，没有老化痕迹。彩斑非常鲜艳，没有自然过渡。

图 2.2.21 100 倍折射光显微：人为制作的蛤蜊光　　图 2.2.22 100 倍折射光显微：人为制作的蛤蜊光

古代景德镇青白瓷
鉴定实例

根据前述五项古瓷老化痕迹和五项对应的现代仿古瓷痕迹，本章通过"眼学经验＋微观痕迹"鉴定实例，简要介绍古代景德镇青白瓷的判断依据。

一、北宋景德镇窑青白釉刻花瓜棱盖盒

1. 宏观采集图像

见图 3.1.1—3.1.2。

2. 眼学经验解读

口径 4.2、腹径 7.2、高 8.8 厘米。子母口，整体呈六瓣式瓜形，平底。盖与盒划有对合标线，对准标线盖合，严丝合缝。盖顶端深凹，中有瓜蒂形纽，盖顶、盒底六棱剔刻菊花纹饰。瓜棱棱线很深，立体感强，中部平整无纹。修胎规整，胎质细腻洁净，古朴干爽。釉色青中泛白，白中闪青，釉层肥厚，釉质透亮，釉光莹润。

类似器见于台州市黄岩区博物馆，出自黄岩灵石寺塔第四层北天宫铁函内，函内还有其他与香事有关的器皿，这类大尺寸的盖盒可能为礼佛时盛放香料的香盒。

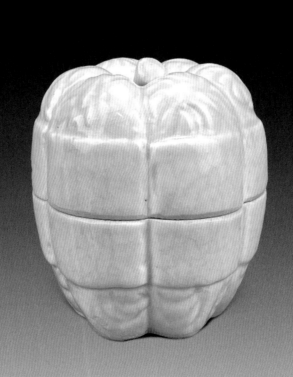

图 3.1.1

图 3.1.2

3. 局部放大采集图像

使用卡兰德手持式双光源环形无影灯放大镜 10 倍 /20 倍直接放大拍照记录。（图 3.1.3—3.1.6）

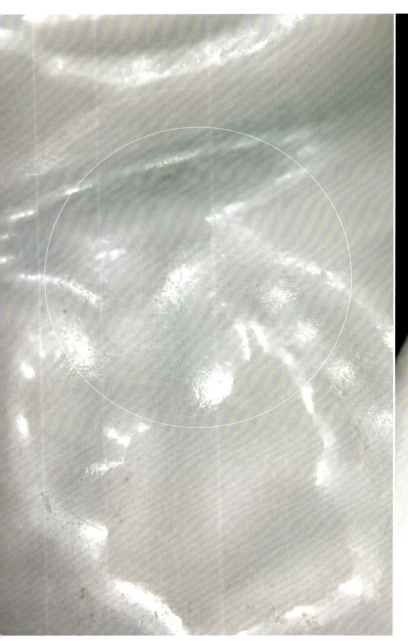 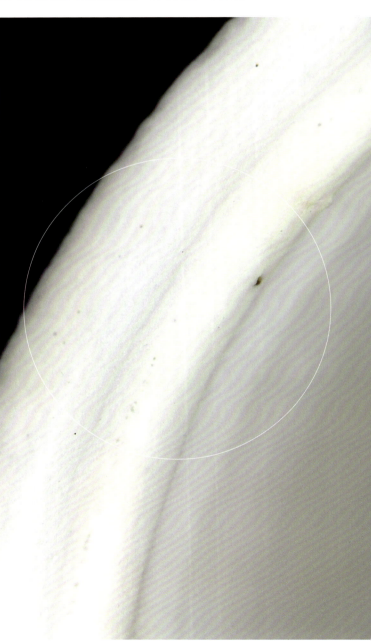

图 3.1.3 放大观察釉光柔润细节　　　　　　　图 3.1.4 放大观察胎体"风干糯化"细节

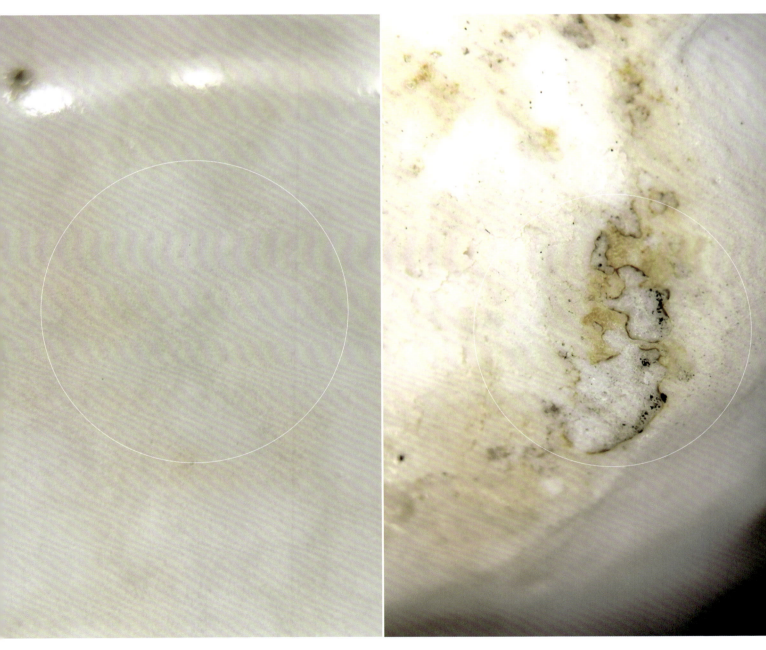

图 3.1.5 放大观察釉内土沁分布　　　　　　　　图 3.1.6 放大观察胎体"风干糯化"细节

4. 微观显像痕迹采集图像

使用卡兰德折射光微观痕迹鉴别仪50倍/100倍/200倍直接显像或折射光亮区微观拍照采集老化痕迹。

（图3.1.7—3.1.10）

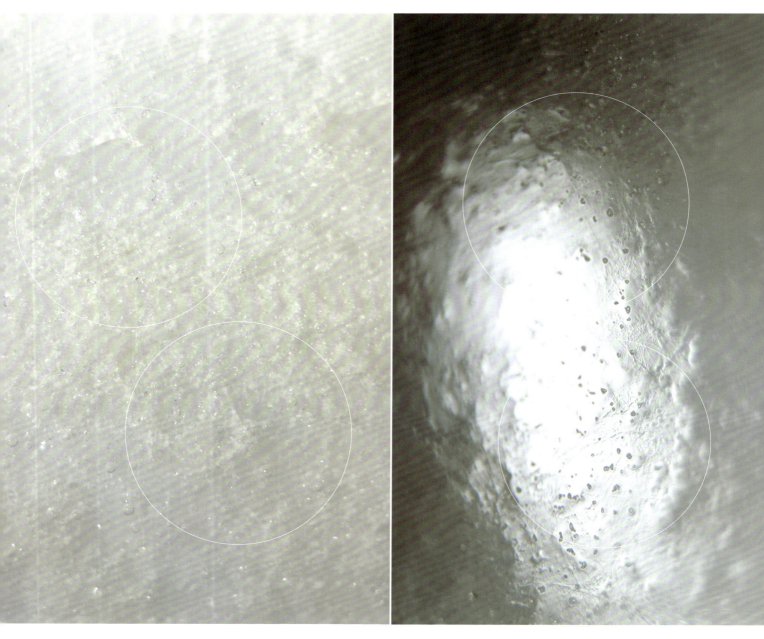

图3.1.7 100倍显微：釉下棉絮状白色钙化晶体斑块（土沁）痕迹

图3.1.8 100倍折射光显微：轻微筋脉纹理（釉面老化）痕迹

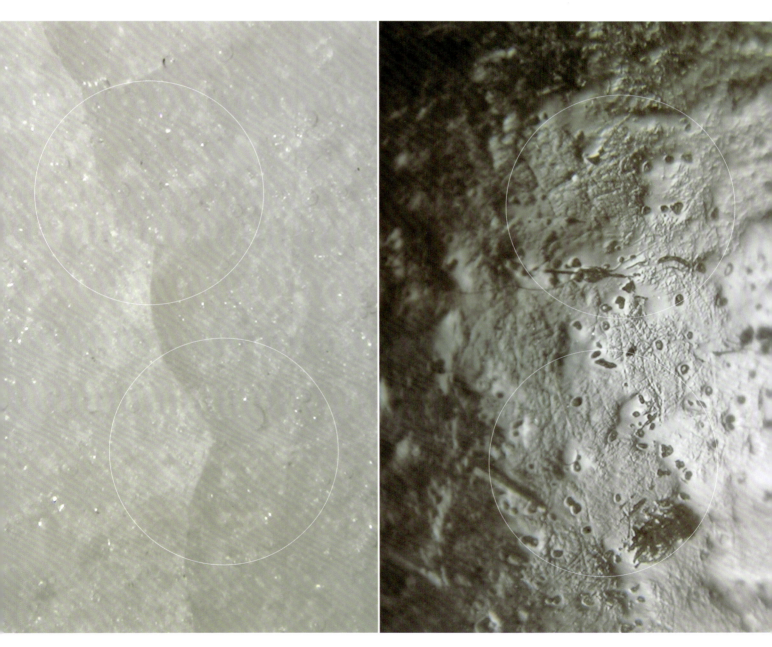

图 3.1.9　200 倍显微：釉下棉絮状白色钙化晶体斑
　　　　块（土沁）痕迹

图 3.1.10　200 倍折射光显微：明显筋脉纹理（釉
　　　　　面老化）痕迹

5. 鉴定结论

眼学经验判断器形、胎釉、装饰工艺符合北宋景德镇青白瓷风格。

10 倍 /20 倍放大显像胎体有"风干糯化"感。

50 倍 /100 倍 /200 倍微观显像釉下有自然老化产生的棉絮状白色钙化晶体斑块（土沁）痕迹，釉面呈现自然老化筋脉纹理（釉面老化）痕迹，未发现现代做旧痕迹。

综合判断，景德镇窑青白釉刻花瓜棱盖盒为北宋真品。

北宋景德镇窑青白釉刻花瓜棱盖盒

二、北宋景德镇窑青白釉刻花瓜棱执壶

1. 宏观采集图像

见图 3.2.1—3.2.3。

2. 眼学经验解读

口径 6.8、腹径 14.5、高 27 厘米。盖卷沿，盖面环壁向下平凹，中间贴塑花蕾形装饰纽，沿边饰一圆管形系纽。壶口微外撇，装饰一道剔刻凸出弦纹。长束颈，前后置对称细长流和扁带执柄，柄上端饰一圆管形系纽，与盖上系纽对应，可穿绳。长流根部壶身处饰浮雕叶片，执柄根部壶身处饰仿金银器搭扣。肩部饰一道剔刻凸出弦纹，肩至底为瓜棱形。平底内削，圈足露胎，支烧痕迹明显。胎体坚实，质地细腻，古朴干爽。通体施青白釉，釉色白中闪青黄，釉层肥厚，釉光莹润。

这件执壶器形挺拔周正，是宋代执壶经典器形之一。宣化辽墓壁画中见有此类执壶的使用场景，宋代金银器中也见有此类造型。该执壶在同类型器中尺寸较大，大阪市立东洋陶瓷美术馆藏有一件同类器，景德镇考古研究所也藏有类似器形的执壶。

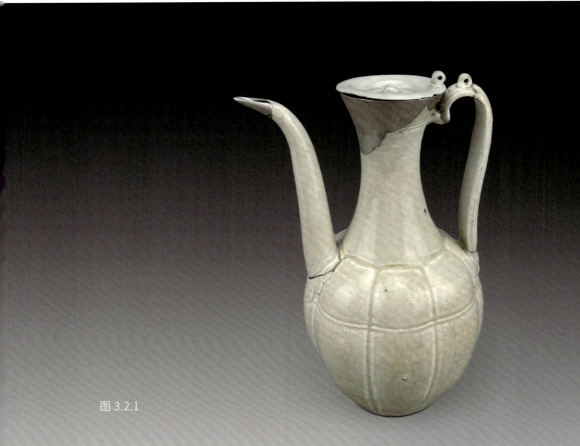

图 3.2.1

图 3.2.2

图 3.2.3

3. 局部放大采集图像

使用卡兰德手持式双光源环形无影灯放大镜 10 倍 /20 倍直接放大拍照记录。（图 3.2.4—3.2.7）

图 3.2.4 放大观察釉光柔润细节　　　　　　图 3.2.5 放大观察胎体"风干糯化"细节

图 3.2.6 放大观察釉内土沁分布　　　　　　　　图 3.2.7 放大观察胎体"风干糯化"细节

4. 微观显像痕迹采集图像

使用卡兰德折射光微观痕迹鉴别仪50倍/100倍/200倍直接显像或折射光亮区微观拍照采集老化痕迹。
（图 3.2.8—3.2.11）

图 3.2.8　100倍显微：釉下棉絮状白色钙化晶体斑块（土沁）痕迹

图 3.2.9　100倍折射光显微：轻微筋脉纹理（釉面老化）痕迹

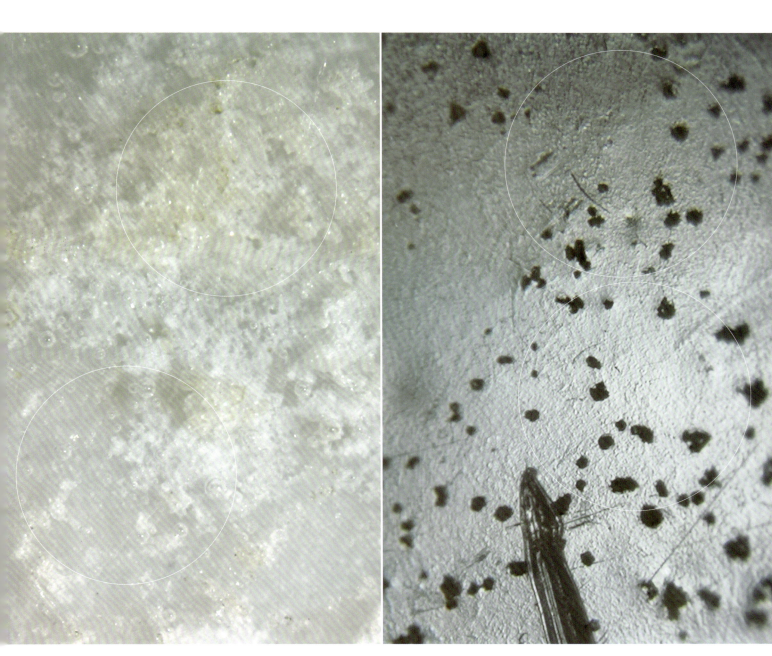

图 3.2.10 200 倍显微：釉下棉絮状白色钙化晶体斑
块（土沁）痕迹

图 3.2.11 200 倍折射光显微：明显筋脉纹理（釉面
老化）痕迹

5. 鉴定结论

眼学经验判断器形、胎釉、装饰工艺符合北宋景德镇青白瓷风格。

10 倍 /20 倍放大显像胎体有"风干糯化"感。

50 倍 /100 倍 /200 倍微观显像釉下有自然老化产生的棉絮状白色钙化晶体斑块（土沁）痕迹，釉面呈现自然老化筋脉纹理（釉面老化）痕迹，未发现现代做旧痕迹。

综合判断，景德镇窑青白釉刻花瓜棱执壶为北宋真品。

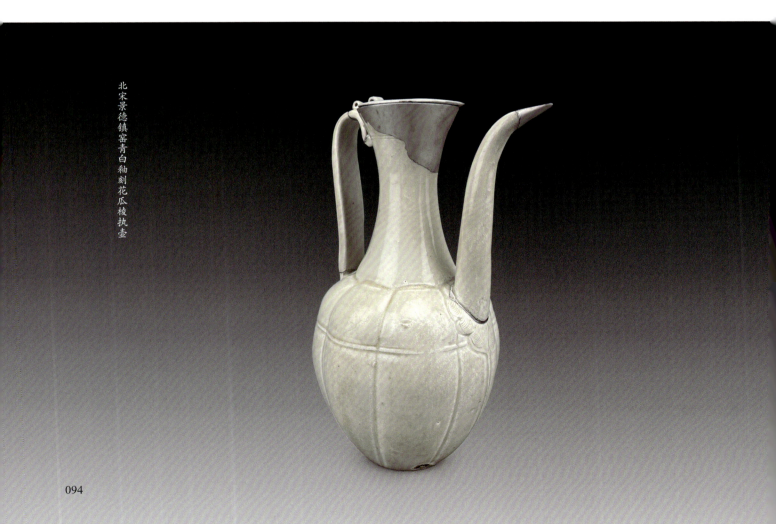

北宋景德镇窑青白釉刻花瓜棱执壶

三、南宋景德镇窑青白釉刻划莲花纹花口碗

1. 宏观采集图像

见图 3.3.1—3.3.3。

2. 眼学经验解读

口径 17.5、高 7 厘米。六瓣花形，花瓣缺口较大，后包银边（口沿扣银），深弧腹，圈足。外底有垫饼痕迹。胎质细白，古朴干爽，修胎细致，薄而透光。内外施釉及底，釉色白中泛青。内壁刻两朵怒放的莲花，其旁饰水波纹，内底刻莲叶，线条流畅，随性而洒脱。此碗釉质肥厚滋润，釉色匀净，通体湖蓝，修足细腻规整，线条饱满端正，自然光下可透见指影，为同时期景德镇窑碗类中的精品。银扣为新作，用以保护口沿。

图 3.3.1

图 3.3.2

图 3.3.3

3. 局部放大采集图像

使用卡兰德手持式双光源环形无影灯放大镜 10 倍 /20 倍直接放大拍照记录。（图 3.3.4—3.3.7）

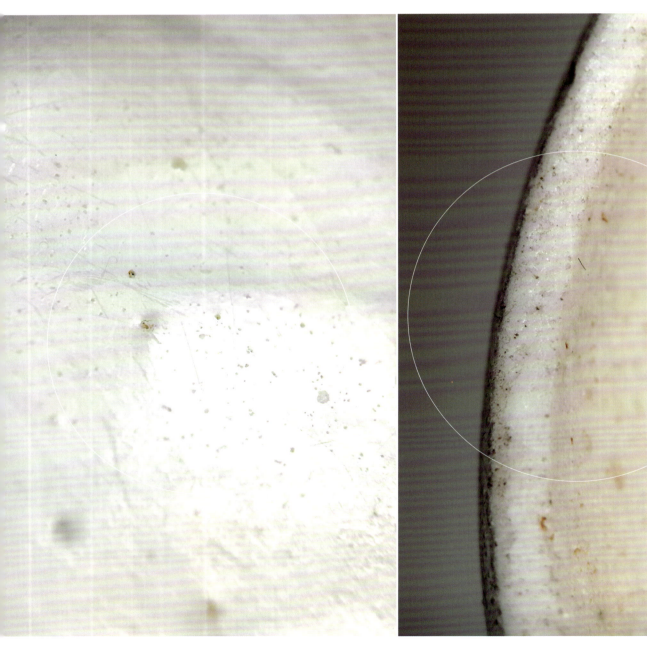

图 3.3.4 放大观察釉光柔润细节　　　　　　图 3.3.5 放大观察胎体"风干糯化"细节

图 3.3.6 放大观察釉内土沁分布　　　　　　　图 3.3.7 放大观察胎体"风干糯化"细节

4. 微观显像痕迹采集图像

使用卡兰德折射光微观痕迹鉴别仪50倍/100倍/200倍直接显像或折射光亮区微观拍照采集老化痕迹。

（图 3.3.8—3.3.11）

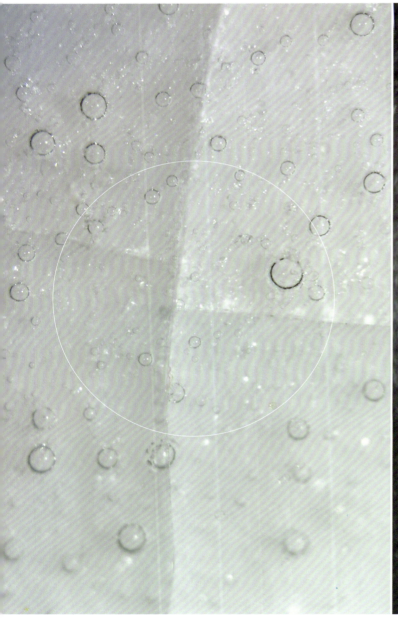

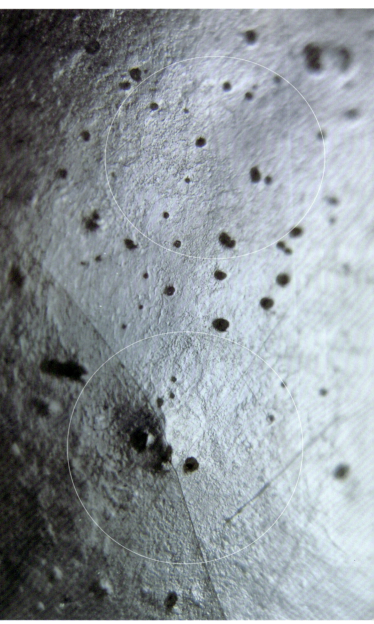

图 3.3.8　100 倍显微：釉下棉絮状白色钙化晶体斑块（土沁）痕迹

图 3.3.9　100 倍折射光显微：轻微筋脉纹理（釉面老化）痕迹

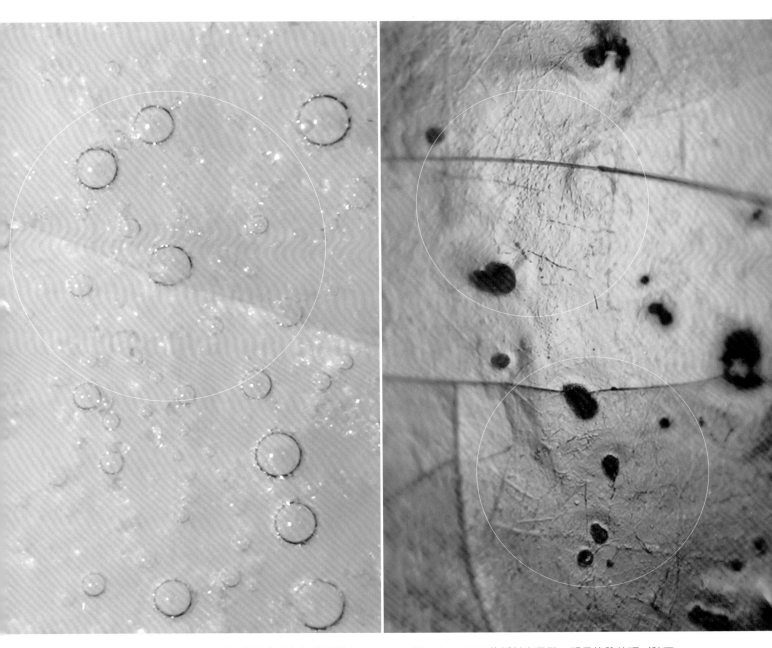

图 3.3.10 200 倍显微：釉下棉絮状白色钙化晶体斑块（土沁）痕迹

图 3.3.11 200 倍折射光显微：明显筋脉纹理（釉面老化）痕迹

5. 鉴定结论

眼学经验判断器形、胎釉、刻划纹饰、制作工艺符合南宋景德镇窑青白瓷风格。

10 倍 /20 倍放大显像胎体有"风干糯化"感。

50 倍 /100 倍 /200 倍微观显像釉下有自然老化产生的棉絮状白色钙化晶体斑块（土沁）痕迹，釉面呈现自然老化筋脉纹理（釉面老化）痕迹，未发现现代做旧痕迹。

综合判断，景德镇窑青白釉刻划莲花纹花口碗为南宋真品。

南宋景德镇窑青白釉刻划莲花纹花口碗

四、北宋景德镇窑青白釉贴塑绶带纹盘口双系执壶

1. 宏观采集图像

见图 3.4.1—3.4.3。

2. 眼学经验解读

口径 8.6、腹径 12.5、高 19.8 厘米。盘口，唇沿，长束颈，鼓腹，圈足内壁斜削。肩部左右对称置两个扁条半圆形系，前后对称置一弯曲长流和一扁带执柄。流口有残缺，用银修复；流底部以泥条贴绕七圈绶带，一圈环绕流底，其余以蝴蝶结状散布，中心贴饰一层螺纹，其下垂两条缀珠丝带。扁带执柄外饰竖条纹。肩腹部饰弦纹，腹部压出瓜棱形。胎质白细，古朴干爽。外壁施釉至圈足以上，釉色白中泛淡青，釉光莹润。

此件执壶器身硕大饱满，制作规整精良，堪称同类器中的上品，较为少见。

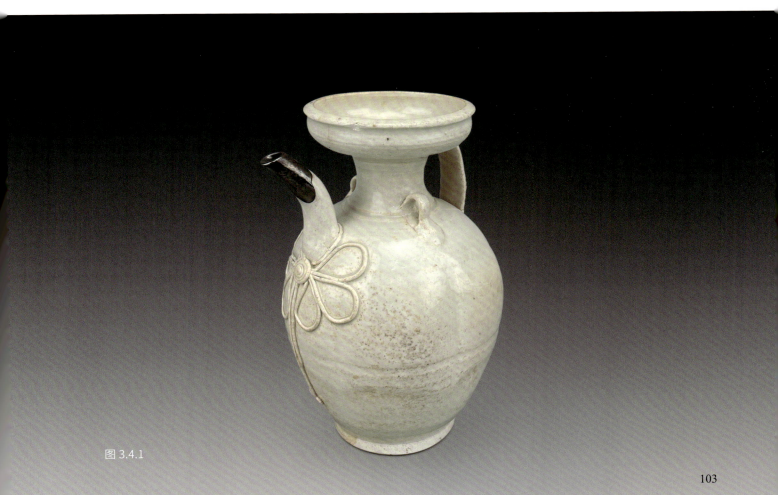

图 3.4.1

图 3.4.2

104

图 3.4.3

3. 局部放大采集图像

使用卡兰德手持式双光源环形无影灯放大镜 10 倍 /20 倍直接放大拍照记录。（图 3.4.4—3.4.7）

图 3.4.4 放大观察釉光柔润细节　　　　　　　图 3.4.5 放大观察胎体"风干糯化"细节

图 3.4.6 放大观察釉内土沁分布　　　　　　　图 3.4.7 放大观察胎体"风干糯化"细节

4. 微观显像痕迹采集图像

使用卡兰德折射光微观痕迹鉴别仪50倍/100倍/200倍直接显像或折射光亮区微观拍照采集老化痕迹。

（图3.4.8—3.4.11）

图3.4.8 100倍显微：釉下棉絮状白色钙化晶体斑块（土沁）痕迹

图3.4.9 100倍折射光显微：釉下晶体向釉面生长形成凸起的破损（釉面老化）痕迹

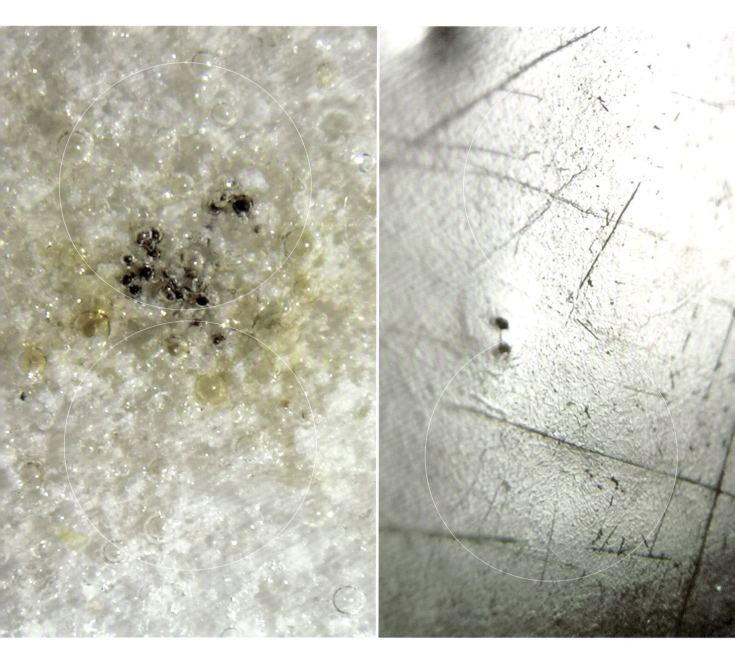

图 3.4.10 200 倍显微：釉下棉絮状白色钙化晶体斑块（土沁）痕迹

图 3.4.11 200 倍折射光显微：筋脉纹理（釉面老化）痕迹

5.鉴定结论

眼学经验判断器形、胎釉、贴塑纹饰、制作工艺符合北宋景德镇青白瓷风格。

10倍/20倍放大显像胎体有"风干糯化"感。

50倍/100倍/200倍微观显像釉下有自然老化产生的棉絮状白色钙化晶体斑块（土沁）痕迹，釉面呈现自然老化筋脉纹理（釉面老化）痕迹，未发现现代做旧痕迹。

综合判断，景德镇窑青白釉贴塑绶带纹盘口双系执壶为北宋真品。

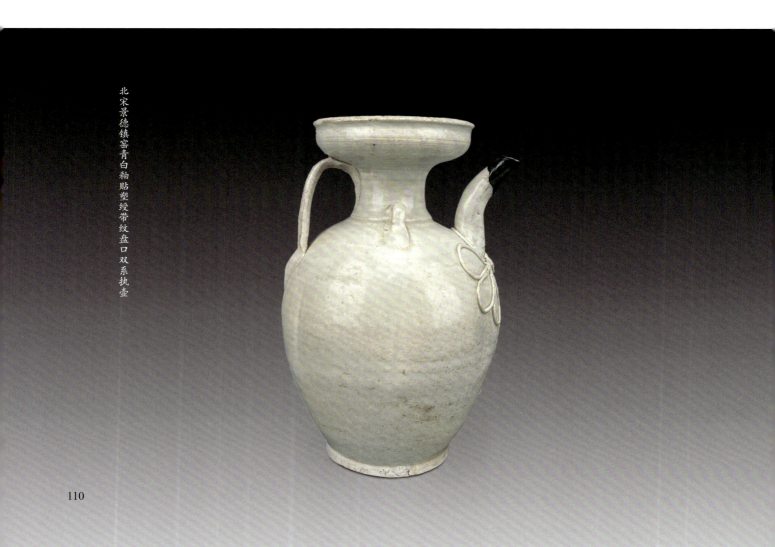

北宋景德镇窑青白釉贴塑绶带纹盘口双系执壶

五、宋代景德镇窑青白釉有台托盏

1. 宏观采集图像

见图 3.5.1—3.5.3。

2. 眼学经验解读

盏口径 9 厘米，托径 14.5 厘米、高 8 厘米，托盏通高 12.5 厘米。盏撇口，弧腹，圈足外撇。胎质细腻，古朴干爽。施釉到底，釉色白中泛青黄，釉光莹润。盏托圈足外撇，托盘如折沿碟形，托台如倒扣于碟中的束腰杯，构型巧妙、雅致。胎质细白，古朴干爽。通体施釉至底，釉质肥厚，白中泛青，釉光莹润。此托盏为后配成套，器形优美，制作规整精良，表现出宋代独有的简约美学，在宋代画作中见有此类托盏的使用场景。

图 3.5.1

图 3.5.2

图 3.5.3

3. 局部放大采集图像

使用卡兰德手持式双光源环形无影灯放大镜 10 倍 /20 倍直接放大拍照记录。（图 3.5.4—3.5.7）

图 3.5.4 放大观察釉光柔润细节　　　　　　　　图 3.5.5 放大观察胎体"风干糯化"细节

图 3.5.6 放大观察釉内土沁分布　　　　　　　　图 3.5.7 放大观察胎体"风干糯化"细节

4. 微观显像痕迹采集图像

使用卡兰德折射光微观痕迹鉴别仪50倍/100倍/200倍直接显像或折射光亮区微观拍照采集老化痕迹。
（图3.5.8—3.5.11）

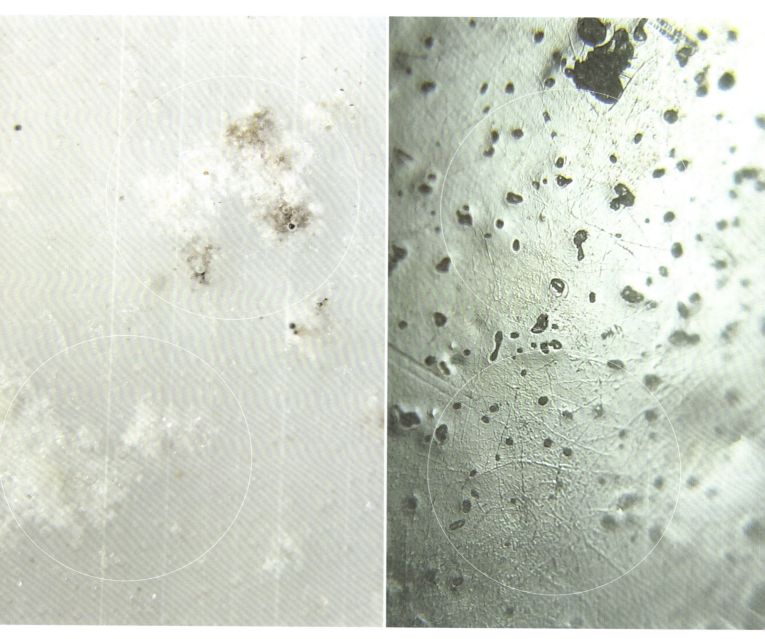

图 3.5.8 100倍显微：釉下棉絮状白色钙化晶体斑块　　图 3.5.9 100倍折射光显微：筋脉纹理（釉面老化）
（土沁）痕迹　　　　　　　　　　　　　　　　　　　痕迹

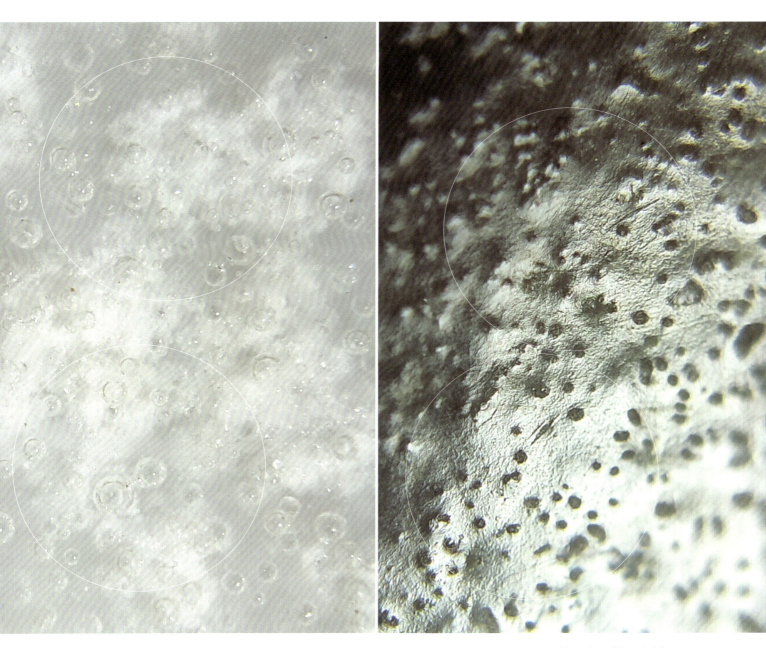

图 3.5.10 200 倍显微：釉下棉絮状白色钙化晶体斑
块（土沁）痕迹

图 3.5.11 200 倍折射光显微：筋脉纹理（釉面老化）
痕迹

5. 鉴定结论

眼学经验判断器形、胎釉、制作工艺符合宋代景德镇青白瓷风格。

10 倍 /20 倍放大显像胎体有"风干糯化"感。

50 倍 /100 倍 /200 倍微观显像釉下有自然老化产生的棉絮状白色钙化晶体斑块（土沁）痕迹，釉面呈现自然老化筋脉纹理（釉面老化）痕迹，未发现现代做旧痕迹。

综合判断，景德镇窑青白釉有台托盏为宋代真品。

宋代景德镇窑青白釉有台托盏

六、南宋景德镇窑青白釉印菱形纹"蔡家合子记"款菊瓣盖盒

1. 宏观采集图像

见图 3.6.1—3.6.3。

2. 眼学经验解读

直径 7.6、高 4.1 厘米。盖顶圆平，模印碎菱形纹，菱形内饰四珠点，盖边缘叠印三层菊瓣线。侧壁为菊瓣状，菊瓣匀称，环布一周。细圈足，亦为菊瓣形。胎质白细，古朴干爽。内外施釉，釉色白中泛青，釉光莹润。盒底模印"蔡家合子记"六字款识，为当时湖田窑知名作坊名标之一，除此之外还有"吴家""段家""潘家"等。

此盖盒纹饰少见，盒底款识为湖田窑烧造的直接证据。

图 3.6.1

图 3.6.2

图 3.6.3

3. 局部放大采集图像

使用卡兰德手持式双光源环形无影灯放大镜 10 倍 /20 倍直接放大拍照记录。（图 3.6.4—3.6.7）

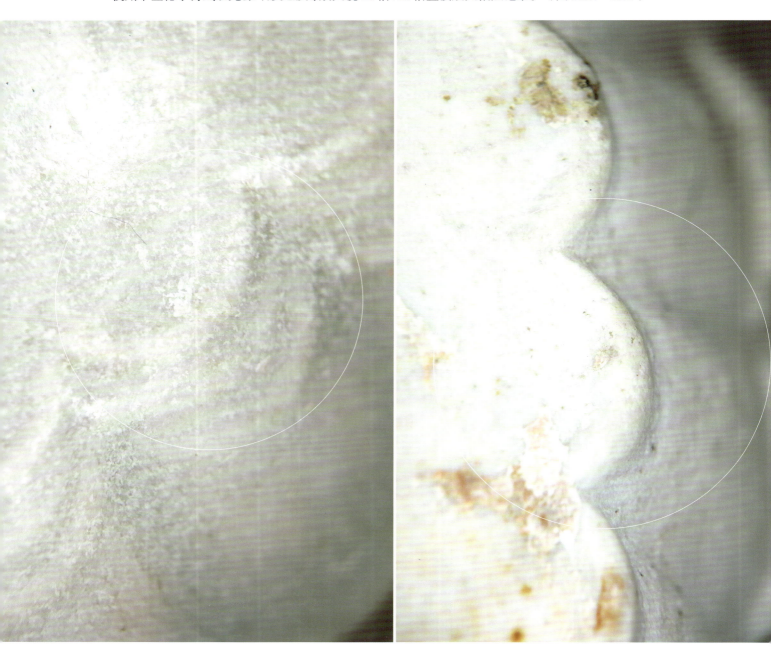

图 3.6.4 放大观察釉光柔润细节   图 3.6.5 放大观察胎体"风干糯化"细节

图 3.6.6 放大观察釉内土沁分布　　　　　　　图 3.6.7 放大观察胎体 "风干糯化" 细节

4. 微观显像痕迹采集图像

使用卡兰德折射光微观痕迹鉴别仪50倍/100倍/200倍直接显像或折射光亮区微观拍照采集老化痕迹。

（图3.6.8—3.6.11）

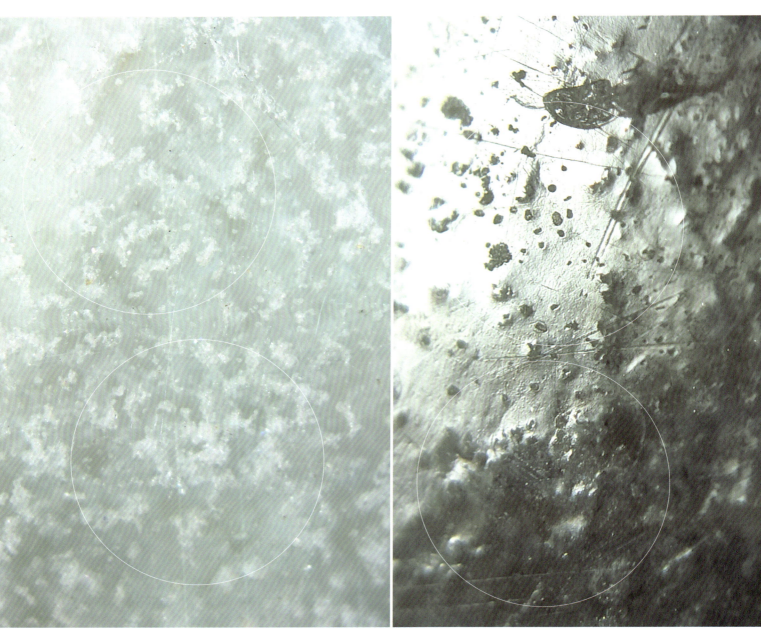

图3.6.8 100倍显微：釉下棉絮状白色钙化晶体斑块（土沁）痕迹

图3.16.9 100倍折射光显微：明显筋脉纹理（釉面老化）痕迹

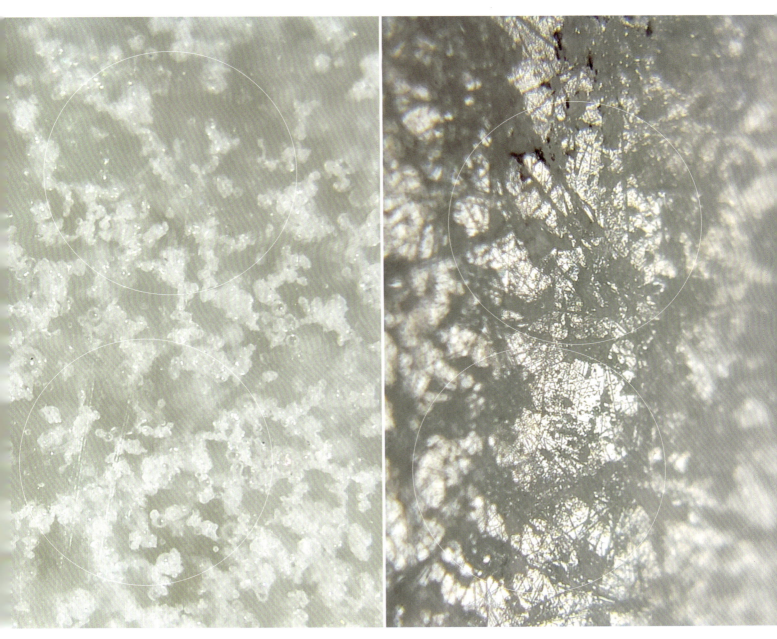

图 3.6.10 200 倍显微：釉下棉絮状白色钙化晶体斑块（土沁）痕迹

图 3.6.11 200 倍折射光显微：杂乱无章的软伤（釉面老化）痕迹

5. 鉴定结论

眼学经验判断器形、胎釉、模印纹饰、落款、制作工艺符合南宋景德镇青白瓷风格。

10倍/20倍放大显像胎体有"风干糯化"感。

50倍/100倍/200倍微观显像釉下有自然老化产生的棉絮状白色钙化晶体斑块（土沁）痕迹，釉面呈现自然老化筋脉纹理（釉面老化）痕迹以及自然使用形成的杂乱无章的软伤痕迹，未发现现代做旧痕迹。

综合判断，景德镇窑青白釉印菱形纹"蔡家合子记"款菊瓣盖盒为南宋真品。

南宋景德镇窑青白釉印菱形纹「蔡家合子记」款菊瓣盖盒

七、北宋景德镇窑青白釉出筋花口碟

1. 宏观采集图像

见图 3.7.1—3.7.3。

2. 眼学经验解读

直径 11.5、高 3.2 厘米。八瓣花形口，口沿外撇，壁微弧，平底，圈足。花口下内壁八道出筋，外壁对应刻竖线。外底有垫饼痕迹。胎质细白，古朴干爽，修坯薄而通体透光。内外施釉过足，釉色白中泛青，釉面水润莹翠，通体湖蓝。此碟器形精巧别致，胎质白腻，修坯轻薄，釉色匀净滋润，修足细致，烧制极为精良，是宴席上盛放精致小品之物，为同时期景德镇窑器物中的精品。

图 3.7.1

图 3.7.2

图 3.7.3

3. 局部放大采集图像

使用卡兰德手持式双光源环形无影灯放大镜 10 倍 /20 倍直接放大拍照记录。（图 3.7.4—3.7.7）

图 3.7.4 放大观察釉光柔润细节　　　　图 3.7.5 放大观察胎体"风干糯化"细节

图 3.7.6 放大观察釉内土沁分布

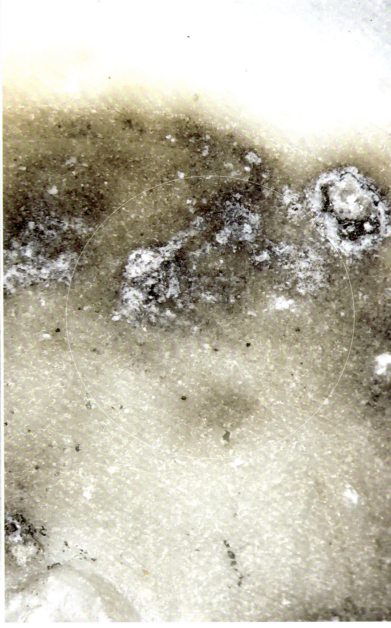

图 3.7.7 放大观察胎体"风干糯化"细节

4. 微观显像痕迹采集图像

使用卡兰德折射光微观痕迹鉴别仪50倍/100倍/200倍直接显像或折射光亮区微观拍照采集老化痕迹。

（图 3.7.8—3.7.11）

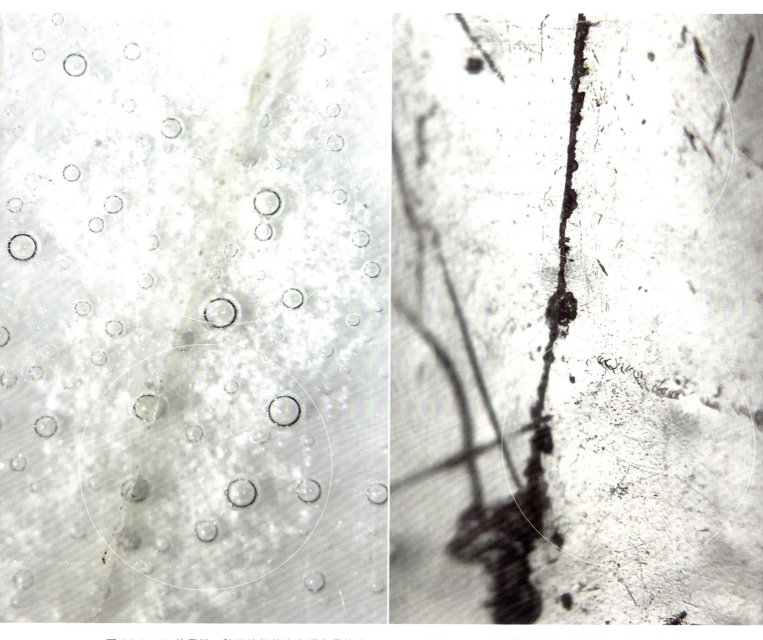

图 3.7.8 100倍显微：釉下棉絮状白色钙化晶体斑块（土沁）痕迹

图 3.7.9 100倍折射光显微：筋脉纹理（釉面老化）痕迹

图 3.7.10 200 倍显微：釉下棉絮状白色钙化晶体斑块（土沁）痕迹

图 3.7.11 200 倍折射光显微：筋脉纹理（釉面老化）痕迹

5. 鉴定结论

眼学经验判断器形、胎釉、制作工艺符合北宋景德镇窑青白瓷风格。

10倍/20倍放大显像胎体有"风干糯化"感。

50倍/100倍/200倍微观显像釉下有自然老化产生的棉絮状白色钙化晶体斑块（土沁）痕迹，釉面呈现自然老化筋脉纹理（釉面老化）痕迹，未发现现代做旧痕迹。

综合判断，景德镇窑青白釉出筋花口碟为北宋真品。

北宋景德镇窑青白釉出筋花口碟

八、元代景德镇窑青白釉印花缠枝牡丹荷莲纹象耳瓶

1. 宏观采集图像

见图 3.8.1—3.8.3。

2. 眼学经验解读

口径 6.2、腹径 12.6、足径 7.6、高 23.3 厘米。唇口微外撇，长束颈接塑而成，颈中部对称贴塑象首耳，垂腹，玉环形圈足微外撇，底深挖。垂腹模印两层纹饰，用联珠纹分隔，上层模印缠枝牡丹纹，下层模印荷莲纹，寓意富贵吉祥。胎质粗松，古朴干爽。施釉到圈足以上，釉色青中泛白，釉光莹润。此瓶为元早期典型器物，制作较粗糙。

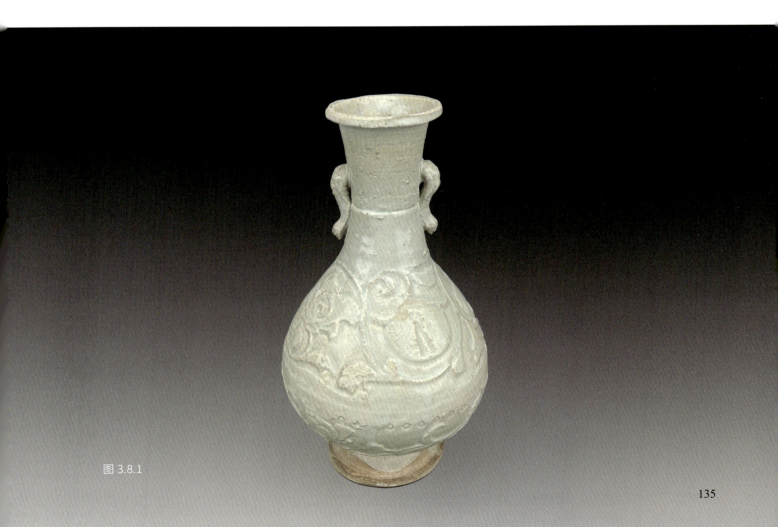

图 3.8.1

图 3.8.2

图 3.8.3

3. 局部放大采集图像

使用卡兰德手持式双光源环形无影灯放大镜 10 倍 /20 倍直接放大拍照记录。（图 3.8.4—3.8.7）

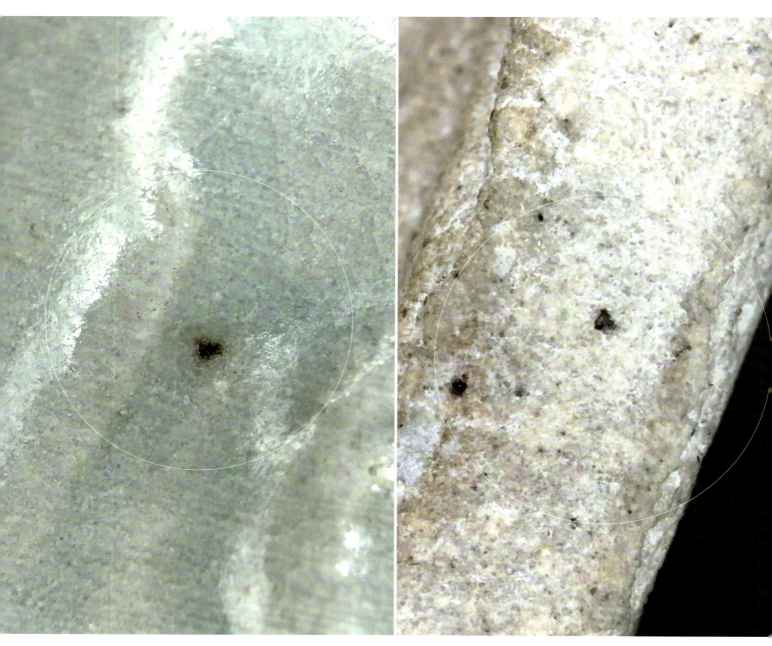

图 3.8.4 放大观察釉光柔润细节　　　　　图 3.8.5 放大观察胎体"风干糯化"细节

图 3.8.6 放大观察釉内土沁分布　　　　　　　　图 3.8.7 放大观察胎体"风干糯化"细节

4. 微观显像痕迹采集图像

使用卡兰德折射光微观痕迹鉴别仪 50 倍 /100 倍 /200 倍直接显像或折射光亮区微观拍照采集老化痕迹。

（图 3.8.8—3.8.11）

图 3.8.8 100 倍显微：釉下棉絮状白色钙化晶体斑块 （土沁）痕迹

图 3.8.9 100 倍折射光显微：筋脉纹理（釉面老化） 痕迹

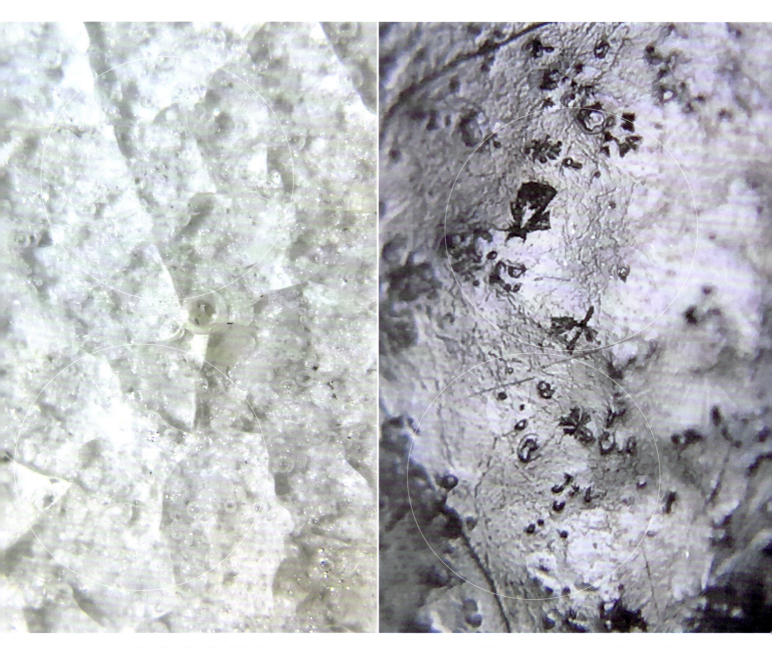

图 3.8.10 200 倍显微：釉下棉絮状白色钙化晶体斑块（土沁）痕迹

图 3.8.11 200 倍折射光显微：筋脉纹理（釉面老化）痕迹

5. 鉴定结论

眼学经验判断器形、胎釉、模印纹饰、制作工艺符合元代景德镇青白瓷风格。

10 倍 /20 倍放大显像胎体有"风干糯化"感。

50 倍 /100 倍 /200 倍微观显像釉下有自然老化产生的棉絮状白色钙化晶体斑块（土沁）痕迹，釉面呈现自然老化筋脉纹理（釉面老化）痕迹，未发现现代做旧痕迹。

综合判断，景德镇窑青白釉印花缠枝牡丹荷莲纹象耳瓶为元代真品。

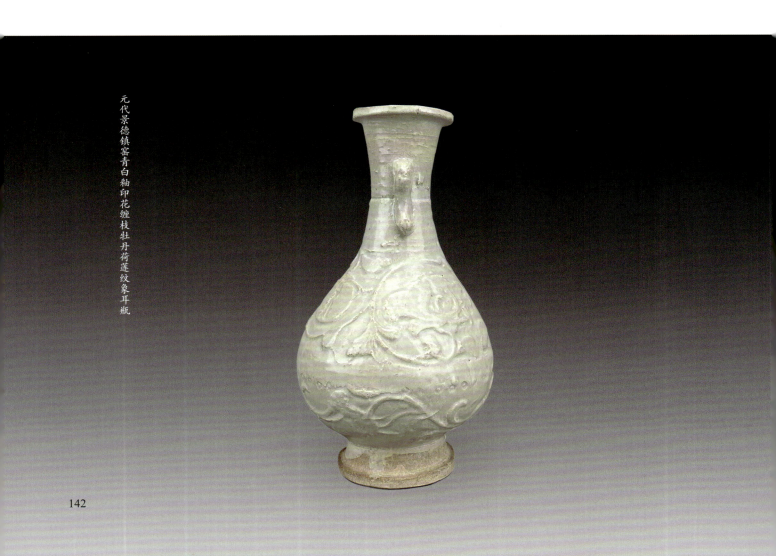

元代景德镇窑青白釉印花缠枝牡丹荷莲纹象耳瓶

九、南宋景德镇窑青白釉刻花凤尾花纹圆洗

1. 宏观采集图像

见图 3.9.1—3.9.3。

2. 眼学经验解读

口径 13.7、高 2.5 厘米。芒口，斜壁微弧，平底，平足。覆烧时底向内塌陷鼓起。胎质细白，古朴干爽，修坯薄而通体透光。内外施满釉，釉色白中泛青，器身遍布湖蓝，釉面肥润莹翠。内底刻凤尾形花纹，枝蔓对生环绕，卷若祥云，线条灵动飘逸，刻工非凡。此洗器形规整文雅，胎质细腻，为同时期景德镇窑器物中的文房精品。

图 3.9.1

143

图 3.9.2

图 3.9.3

3. 局部放大采集图像

使用卡兰德手持式双光源环形无影灯放大镜 10 倍 /20 倍直接放大拍照记录。（图 3.9.4—3.9.7）

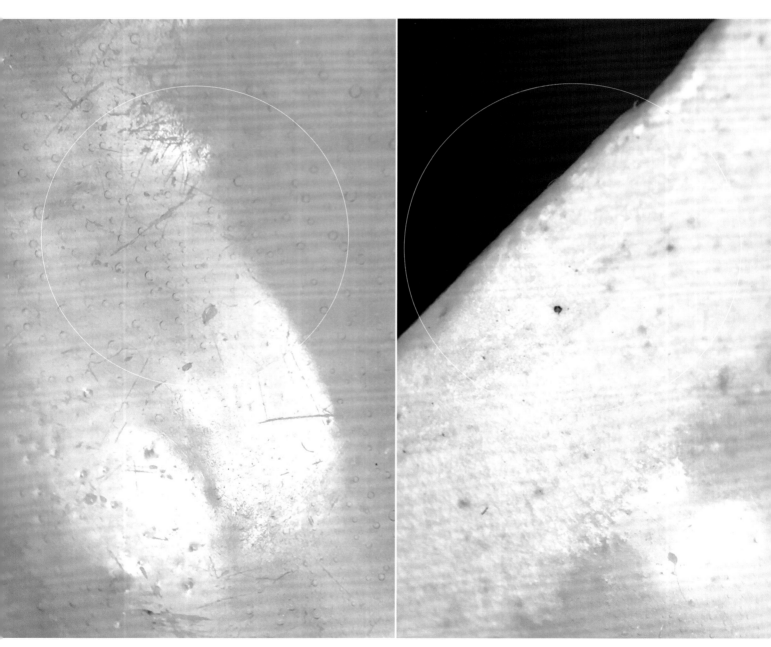

图 3.9.4 放大观察釉光柔润细节　　　　　　　图 3.9.5 放大观察胎体"风干糯化"细节

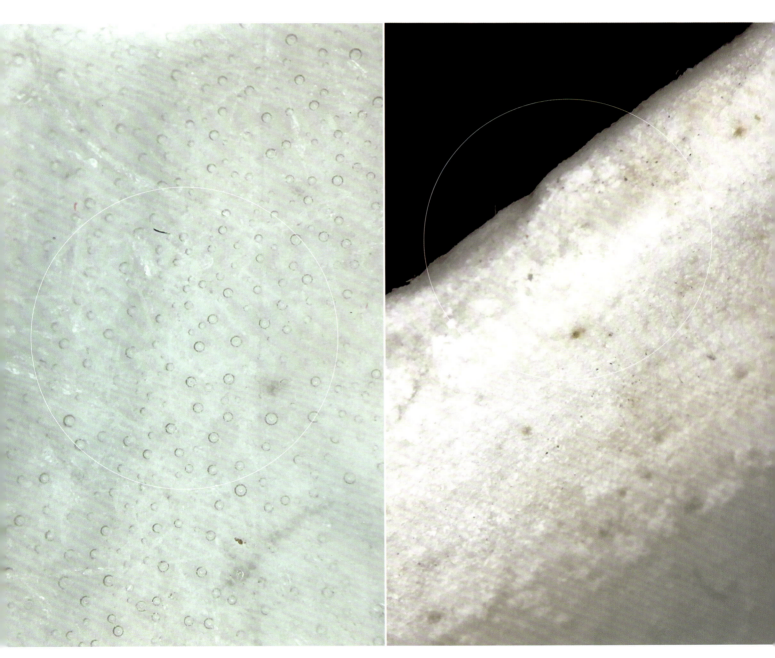

图 3.9.6 放大观察釉内土沁分布　　　　　　　　图 3.9.7 放大观察胎体"风干糯化"细节

4. 微观显像痕迹采集图像

使用卡兰德折射光微观痕迹鉴别仪50倍/100倍/200倍直接显像或折射光亮区微观拍照采集老化痕迹。
（图 3.9.8—3.9.11）

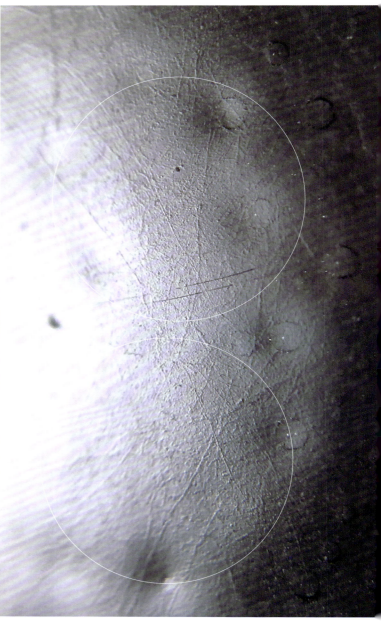

图 3.9.8　100 倍显微：釉下棉絮状白色钙化晶体斑块（土沁）痕迹，不明显

图 3.9.9　100 倍折射光显微：筋脉纹理（釉面老化）痕迹

图 3.9.10 200 倍显微：釉下棉絮状白色钙化晶体斑块（土沁）痕迹，不明显

图 3.9.11 200 倍折射光显微：筋脉纹理（釉面老化）痕迹

5. 鉴定结论

眼学经验判断器形、胎釉、装饰工艺符合南宋景德镇窑青白瓷风格。

10 倍 /20 倍放大显像胎体有"风干糯化"感。

50 倍 /100 倍 /200 倍微观显像釉下有自然老化产生的棉絮状白色钙化晶体斑块（土沁）痕迹，釉面呈现自然老化筋脉纹理（釉面老化）痕迹，未发现现代做旧痕迹。

综合判断，景德镇窑青白釉刻花凤尾花纹圆洗为南宋真品。

南宋景德镇窑青白釉刻花凤尾花纹圆洗

十、北宋景德镇窑青白釉斗笠盏

1. 宏观采集图像

见图 3.10.1—3.10.3。

2. 眼学经验解读

口径 11.5、高 6 厘米。斗笠形，敞口，斜直腹，小圈足。外底有垫饼痕迹。器形规整，胎体轻薄透光，胎质细白，古朴干爽。内壁饰划花纹饰，外口沿下划花瓣纹。通体施釉至底，釉色白中闪青，釉面莹润如玉。此类盏是宋代饮茶常用器皿，工艺精湛，烧造精良，景德镇考古研究所藏有同类器皿。

图 3.10.1

图 3.10.2

图 3.10.3

3. 局部放大采集图像

使用卡兰德手持式双光源环形无影灯放大镜 10 倍 /20 倍直接放大拍照记录。（图 3.10.4—3.10.7）

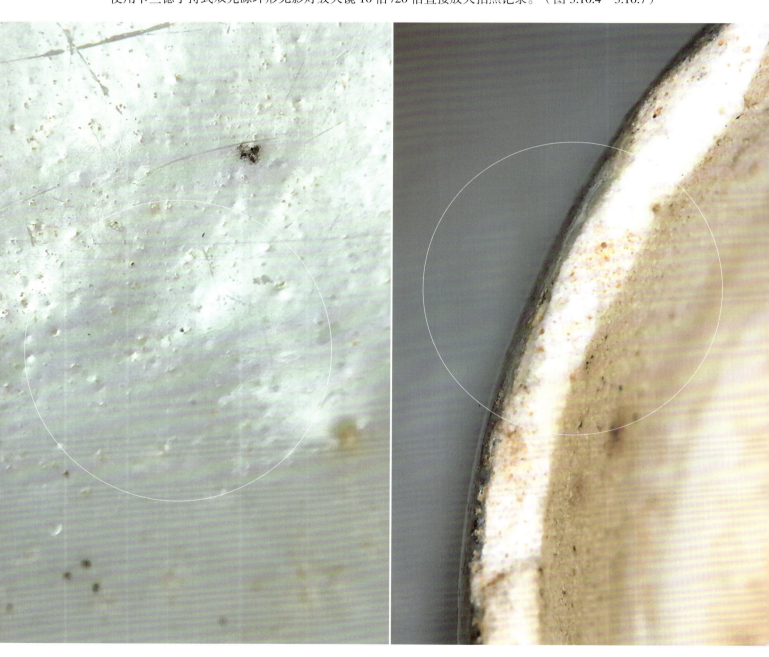

图 3.10.4 放大观察釉光柔润细节　　　　　　图 3.10.5 放大观察胎体老化"风干糯化"细节

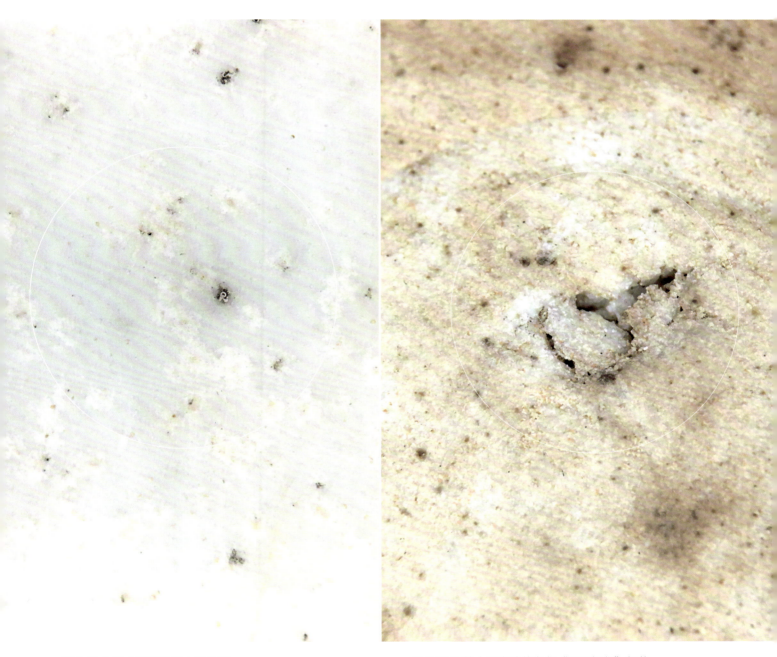

图 3.10.6 放大观察釉内土沁分布　　　　　　　图 3.10.7 放大观察胎体老化"风干糯化"细节

4. 微观显像痕迹采集图像

使用卡兰德折射光微观痕迹鉴别仪5C倍/100倍/200倍直接显像或折射光亮区微观拍照采集老化痕迹。
（图3.10.8—3.10.11）

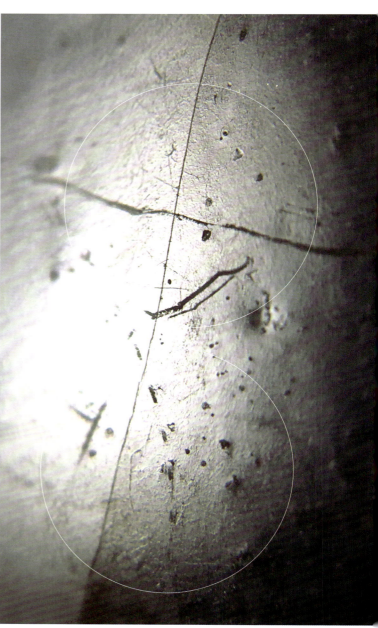

图3.10.8 100倍显微：釉下棉絮状白色钙化晶体斑块（土沁）痕迹以及开片中沉积水沁的颜色变化

图3.10.9 100倍折射光显微：非常明显的筋脉纹理（釉面老化）痕迹

图 3.10.10 200 倍显微：釉下棉絮状白色钙化晶体斑块（土沁）痕迹以及破损气泡中沉积水沁的颜色变化

图 3.10.11 200 倍折射光显微：非常明显的筋脉纹理（釉面老化）痕迹

5. 鉴定结论

眼学经验判断器形、胎釉、制作工艺符合北宋景德镇窑青白瓷风格。

10 倍 /20 倍放大显像胎体有"风干糯化"感。

50 倍 /100 倍 /200 倍微观显像釉下有自然老化产生的棉絮状白色钙化晶体斑块（土沁）痕迹以及水沁颜色变化，釉面呈现自然老化筋脉纹理（釉面老化）痕迹，未发现现代做旧痕迹。

综合判断，景德镇窑青白釉斗笠盏为北宋真品。

北宋景德镇窑青白釉斗笠盏

十一、南宋景德镇窑青白釉刻花凤尾草纹平底折腹洗

1. 宏观采集图像

见图 3.11.1—3.11.3。

2. 眼学经验解读

口径 10.3、高 1.9 厘米。芒口，斜直壁，平底，平足。口沿残留原包银痕迹。胎质细白，古朴干爽，修坯薄而通体透光。内外施满釉，釉色白中泛青，器身遍布湖蓝，釉面肥润莹翠。内底刻凤尾形花纹，枝蔓对生环绕，卷若祥云，线条灵动飘逸，刻工非凡。此洗器形规整文雅，胎质细腻，为同时期景德镇窑文房精品。

图 3.11.1

图 3.11.2

图 3.11.3

3. 局部放大采集图像

使用卡兰德手持式双光源环形无影灯放大镜 10 倍 /20 倍直接放大拍照记录。（图 3.11.4—3.11.7）

图 3.11.4 放大观察釉光柔润细节

图 3.11.5 放大观察芒口包银细节

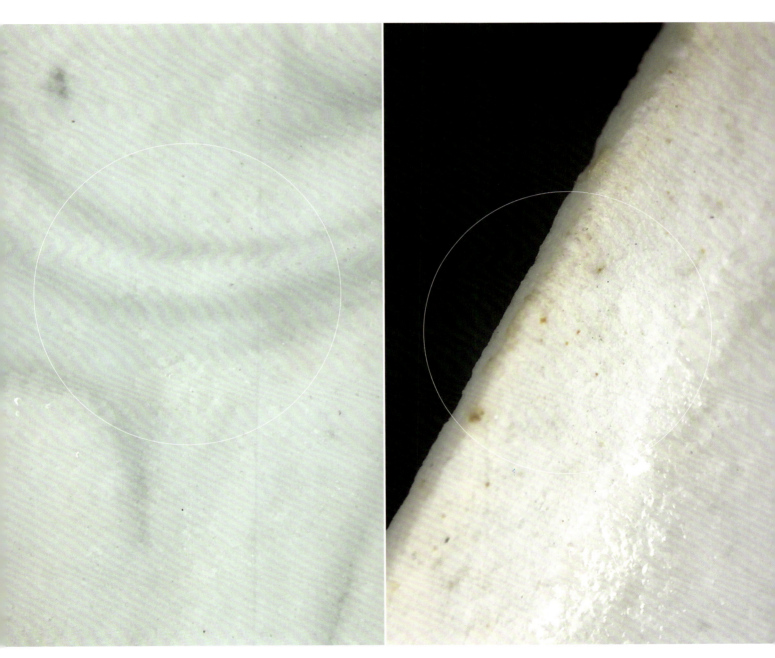

图 3.11.6 放大观察釉内土沁分布　　　　　　　　图 3.11.7 放大观察胎体老化"风三糯化"细节

4. 微观显像痕迹采集图像

使用卡兰德折射光微观痕迹鉴别仪50倍/100倍/200倍直接显像或折射光亮区微观拍照采集老化痕迹。

（图 3.11.8—3.11.11）

图 3.11.8 100倍显微：釉下棉絮状白色钙化晶体斑块（土沁）痕迹

图 3.11.9 100倍折射光显微：轻微筋脉纹理（釉面老化）痕迹

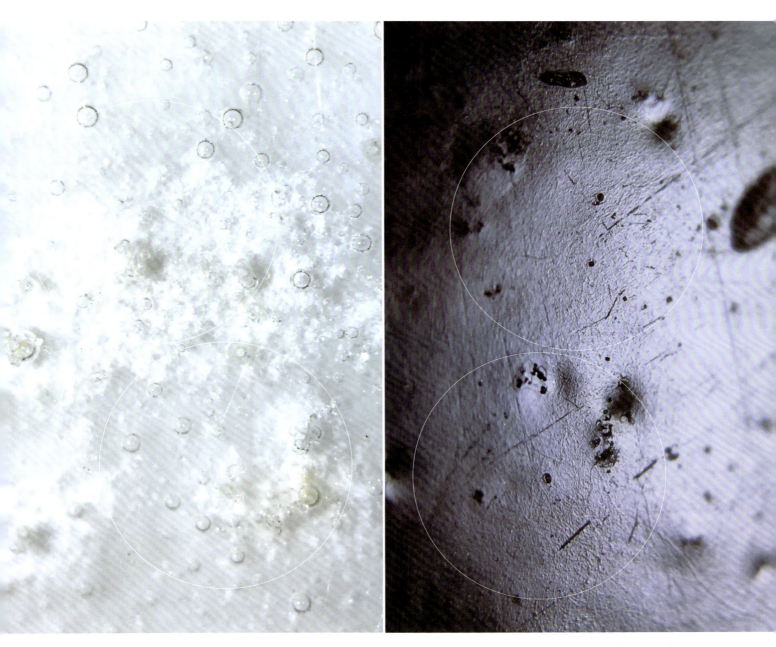

图 3.11.10　200 倍显微：釉下棉絮状白色钙化晶体　　　　图 3.11.11　200 倍折射光显微：筋脉纹理（釉面老化）
斑块（土沁）痕迹

5. 鉴定结论

眼学经验判断器形、胎釉、刻划纹饰、制作工艺符合宋代景德镇窑青白瓷风格。

10 倍 /20 倍放大显像胎体有"风干糯化"感。

50 倍 /100 倍 /200 倍微观显像釉下有自然老化产生的棉絮状白色钙化晶体斑块（土沁）痕迹，釉面呈现自然老化筋脉纹理（釉面老化）痕迹，未发现现代做旧痕迹。

综合判断，景德镇窑青白釉刻花凤尾草纹平底折腹洗为宋代真品。

南宋景德镇窑青白釉刻花凤尾草纹平底折腹洗

十二、北宋景德镇窑青白釉花口折沿碟

1. 宏观采集图像

见图 3.12.1—3.12.3。

2. 眼学经验解读

直径 11、高 2.2 厘米。折沿，六瓣花形口，花口下六道出筋，内壁微弧，弦纹微弧底，平足。外底无釉，有垫饼痕迹。胎质细白，古朴干爽，修坯薄而通体透光。内外施釉至底，釉色白中泛青，釉面水润莹翠，通体湖蓝。此碟器形精巧别致，胎质白腻，修坯轻薄，釉色匀净滋润，修足细致，烧制精良，是宴席上盛放精致小品之物，为同时期湖田窑器物中的精品。

图 3.12.1

图 3.12.2

图 3.12.3

3. 局部放大采集图像

使用卡兰德手持式双光源环形无影灯放大镜 10 倍 /20 倍直接放大拍照记录。（图 3.12.4—3.12.7）

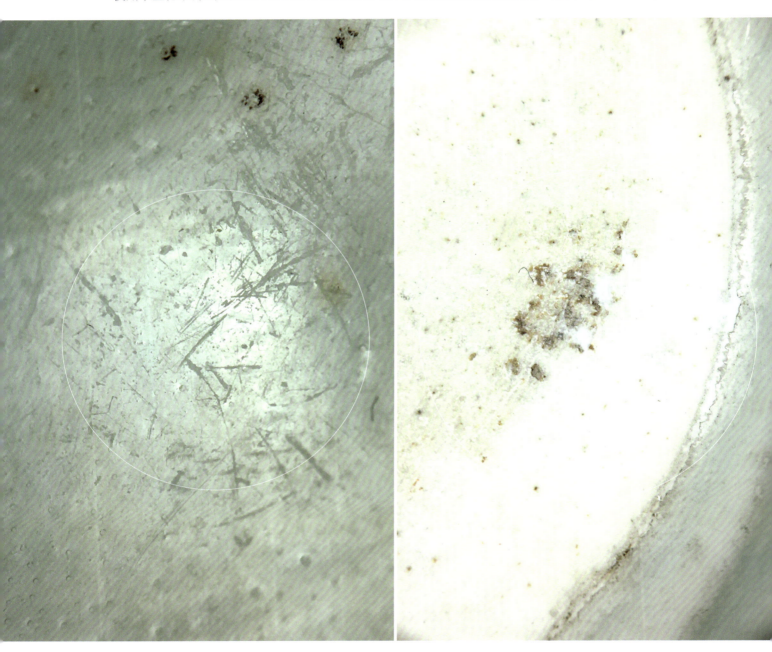

图 3.12.4 放大观察釉光柔润细节　　　　　图 3.12.5 放大观察胎体老化"风干糯化"细节

图 3.12.6 放大观察釉内土沁分布   图 3.12.7 放大观察胎体老化"风干糯化"细节

4. 微观显像痕迹采集图像

使用卡兰德折射光微观痕迹鉴别仪50倍/100倍/200倍直接显像或折射光亮区微观拍照采集老化痕迹。

（图 3.12.8—3.12.11）

图 3.12.8 200 倍显微：釉下棉絮状白色钙化晶体斑块（土沁）痕迹以及破损气泡下方产生水沁沉积的颜色变化

图 3.12.9 100 倍折射光显微：轻微筋脉纹理（釉面老化）痕迹

图 3.12.10　200 倍显微：釉下棉絮状白色钙化晶体
斑块（土沁）痕迹

图 3.12.11　200 倍折射光显微：明显筋脉纹理（釉面
老化）痕迹

5. 鉴定结论

眼学经验判断器形、胎釉、制作工艺符合北宋景德镇青白瓷风格。

10 倍 /20 倍放大显像胎体有"风干糯化"感。

50 倍 /100 倍 /200 倍微观显像釉下有自然老化产生的棉絮状白色钙化晶体斑块（土沁）痕迹以及破损气泡内水沁沉积物质的颜色变化，釉面呈现自然老化筋脉纹理（釉面老化）痕迹，未发现现代做旧痕迹。

综合判断，景德镇窑青白釉花口折沿碟为宋代真品。

北宋景德镇窑青白釉花口折沿碟

十三、北宋景德镇窑青白釉篦划水波双鱼纹花口碗

1. 宏观采集图像

见图 3.13.1—3.13.3。

2. 眼学经验解读

口径 18.6、高 6 厘米。六瓣花形口，口沿微外撇，斜直腹微弧，浅圈足。内壁饰篦划水波双鱼纹，双鱼跃于水波间，动感灵巧，划工刚劲有力、犀利流畅。外壁留拉坯弦纹痕迹。胎质坚实、细腻。内外施釉过足，釉色白中泛青黄，釉光莹润。外底无釉，有墨书文字记号。此类碗是宋代日常生活器皿，从纹饰工法的娴熟程度可见工艺之精妙。

图 3.13.1

图 3.13.2

图 3.13.3

3. 局部放大采集图像

使用卡兰德手持式双光源环形无影灯放大镜 10 倍 /20 倍直接放大拍照记录。（图 3.13.4—3.13.7）

图 3.13.4 放大观察釉光柔润细节　　　　　图 3.13.5 放大观察胎体老化"风干糯化"细节

图 3.13.6 放大观察釉内土沁分布

图 3.13.7 放大观察胎体老化"风干糯化"细节

4. 微观显像痕迹采集图像

使用卡兰德折射光微观痕迹鉴别仪50倍/100倍/200倍直接显像或折射光亮区微观拍照采集老化痕迹。

（图3.13.8—3.13.11）

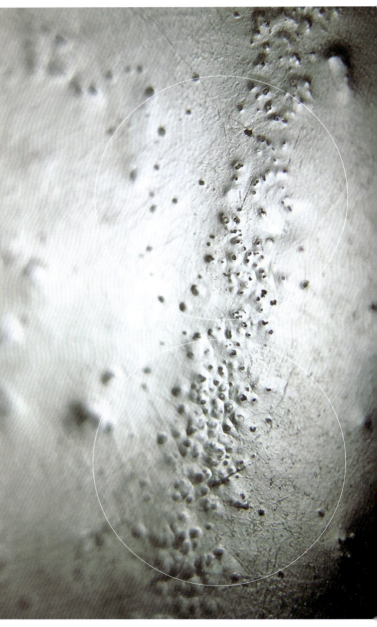

图 3.13.8 100 倍显微：釉下棉絮状白色钙化晶体斑块（土沁）痕迹

图 3.13.9 100 倍折射光显微：轻微筋脉纹理（釉面老化）痕迹

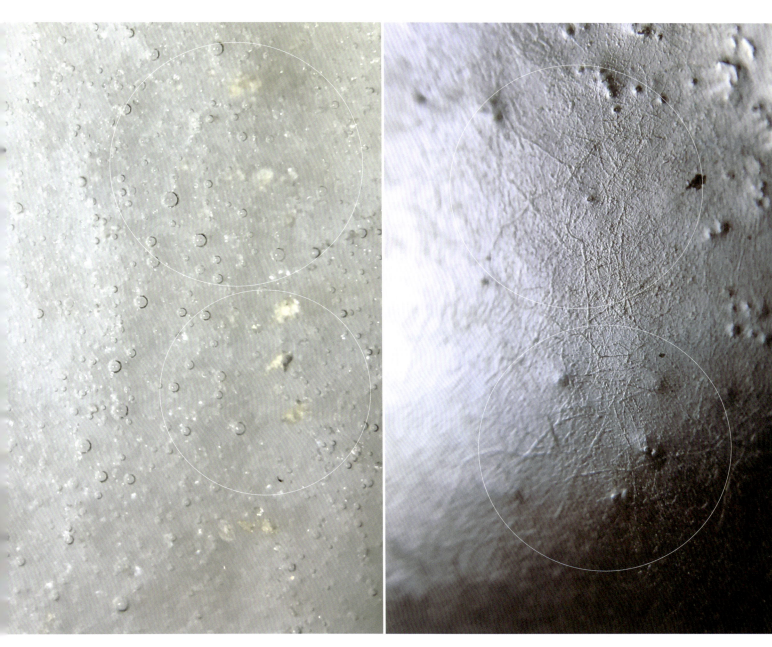

图 3.13.10 100 倍显微：釉下棉絮状白色钙化晶体斑块（土沁）痕迹

图 3.13.11 200 倍折射光显微：明显筋脉纹理（釉面老化）痕迹

5. 鉴定结论

眼学经验判断器形、胎釉、纹饰题材、制作工艺符合宋代景德镇青白瓷风格。

10 倍 /20 倍放大显像胎体有"风干糯化"感。

50 倍 /100 倍 /200 倍微观显像釉下有自然老化产生的棉絮状白色钙化晶体斑块（土沁）痕迹，釉面呈现自然老化筋脉纹理（釉面老化）痕迹，未发现现代做旧痕迹。

综合判断，景德镇窑青白釉篦划水波双鱼纹花口碗为宋代真品。

宋代景德镇窑青白釉篦划水波双鱼纹花口碗

十四、北宋景德镇窑青白釉刻划花蝶双婴戏纹大碗

1. 宏观采集图像

见图 3.14.1—3.14.3。

2. 眼学经验解读

口径 19.7、高 6.8 厘米。敞口，深弧腹，小平圆底，浅圈足。外底有垫饼痕迹。外壁光素，内壁饰刻划花蝶双婴戏纹，儿童穿戏于花朵与蝴蝶中，生动活泼。胎质细白、坚实，干爽古朴。内外施釉过足，釉质肥厚，釉色白中泛青，釉光莹润。此类碗是宋代日常生活器皿，从纹饰工法的娴熟程度可见工艺之精妙。

图 3.14.1

图 3.14.2

图 3.14.3

3. 局部放大采集图像

使用卡兰德手持式双光源环形无影灯放大镜 10 倍 /20 倍直接放大拍照记录。（图 3.14.4—3.14.7）

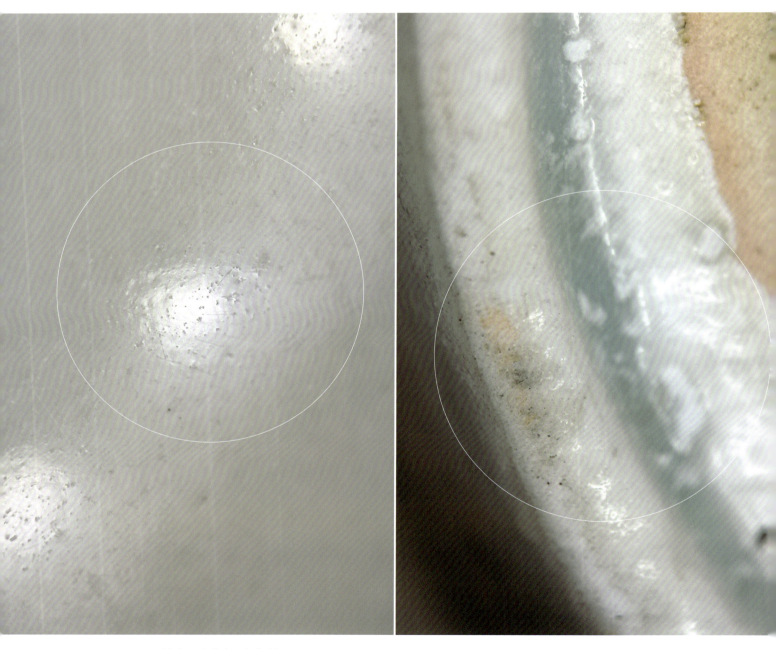

图 3.14.4 放大观察釉光柔润细节   图 3.14.5 放大观察胎质裹足细节

图 3.14.6 放大观察釉内土沁分布　　　　　　　图 3.14.7 放大观察胎体老化"风干糯化"细节

4. 微观显像痕迹采集图像

使用卡兰德折射光微观痕迹鉴别仪 50 倍 /100 倍 /200 倍直接显微或折射光亮区微观拍照采集老化痕迹。

（图 3.14.8—3.14.11）

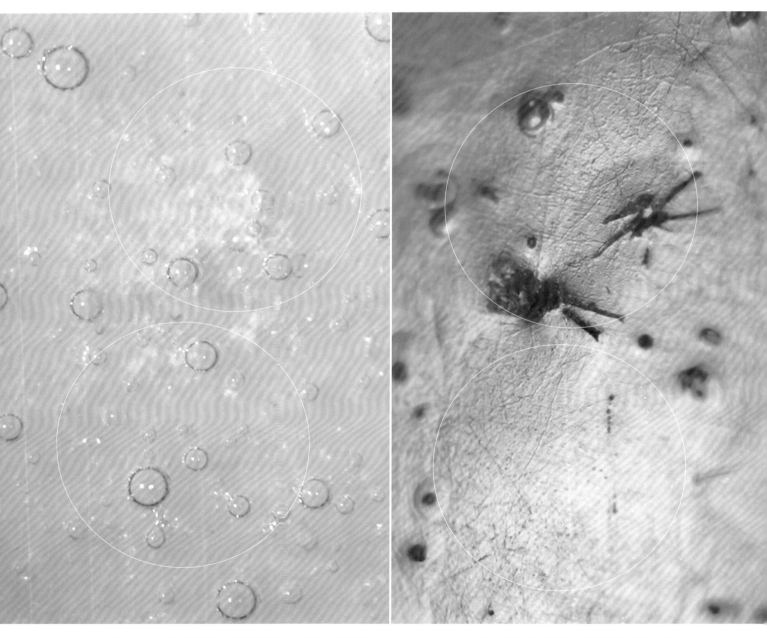

图 3.14.8　100 倍显微：釉下棉絮状白色钙化晶体斑块（土沁）痕迹

图 3.14.9　100 倍折射光显微：明显筋脉纹理（釉面老化）痕迹

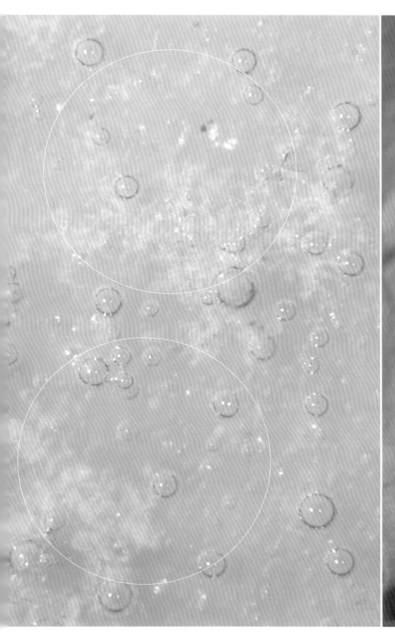

图 3.14.10　200 倍显微：釉下棉絮状白色钙化晶体斑块（土沁）痕迹

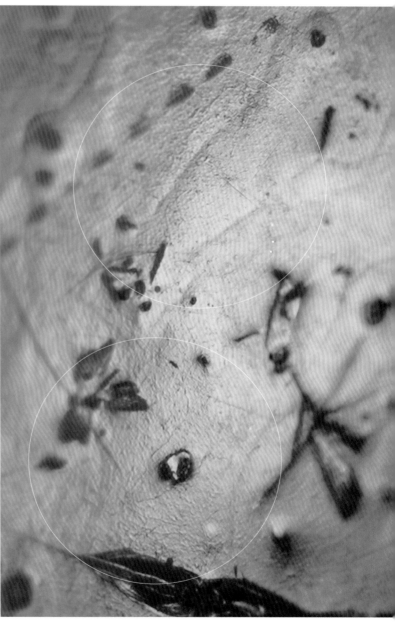

图 3.14.11　200 倍折射光显微：明显筋脉纹理（釉面老化）痕迹

5. 鉴定结论

眼学经验判断器形、胎釉、纹饰特征、制作工艺符合北宋景德镇青白瓷风格。

10 倍 /20 倍放大显像胎体有"风干糯化"感。

50 倍 /100 倍 /200 倍微观显像釉下有自然老化产生的棉絮状白色钙化晶体斑块（土沁）痕迹，釉面呈现自然老化筋脉纹理（釉面老化）痕迹，未发现现代做旧痕迹。

综合判断，景德镇窑青白釉刻划花蝶双婴戏纹大碗为北宋真品。

北宋景德镇窑青白釉刻划花蝶双婴戏纹大碗

十五、北宋景德镇窑青白釉刻花团凤纹花口碗

1. 宏观采集图像

见图 3.15.1—3.15.3。

2. 眼学经验解读

口径 17.1、高 6 厘米。六瓣式花口，斜直壁，平底，圈足。外底有垫饼痕。内壁刻划三团凤纹，三凤皆作展翅飞翔状，凤首高仰，长颈上弯，尾羽下勾，姿态飘逸，构图奇绝，极具动感，真"有凤来仪"之势，精彩非常。胎质细白，干爽古朴，修坯薄可透光。内外施釉及底，釉色白中泛青，釉面莹润细滑。此碗纹饰较为少见。

图 3.15.1

图 3.15.2

图 3.15.3

3. 局部放大采集图像

使用卡兰德手持式双光源环形无影灯放大镜 10 倍 /20 倍直接放大拍照记录。（图 3.15.4—3.15.7）

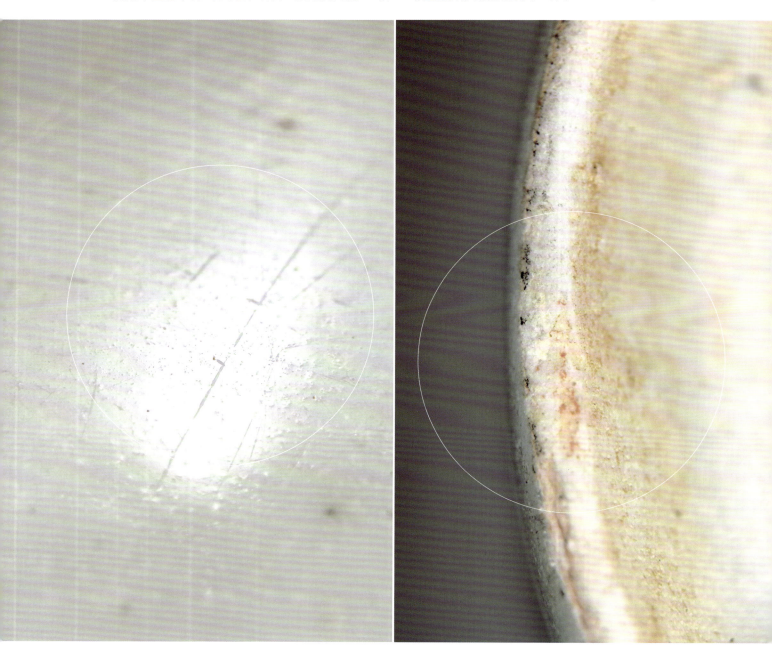

图 3.15.4 放大观察釉光柔润细节　　　　　图 3.15.5 放大观察胎体细节

图 3.15.6 放大观察釉内土沁分布　　　　　　图 3.15.7 放大观察胎体老化"风干糯化"细节

4. 微观显像痕迹采集图像

使用卡兰德折射光微观痕迹鉴别仪50倍/100倍/200倍直接显微或折射光亮区微观拍照采集老化痕迹。

（图 3.15.8—3.15.11）

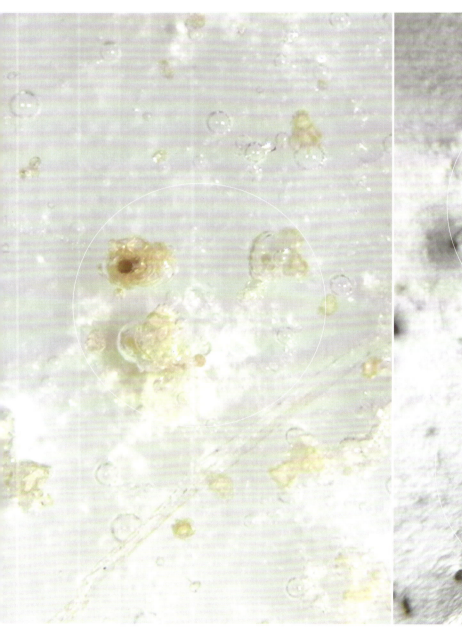

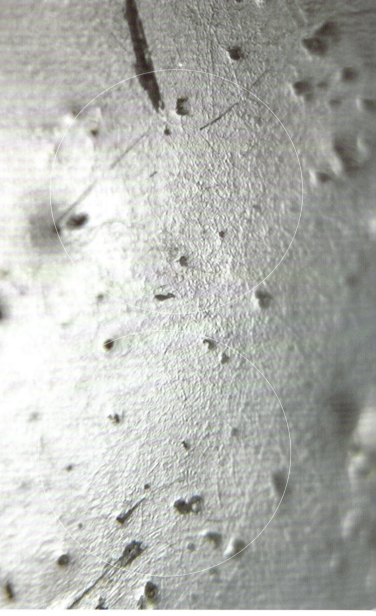

图 3.15.8　100 倍显微：釉下棉絮状白色钙化晶体斑块（土沁）痕迹以及破损气泡下方产生水沁沉积颜色的变化

图 3.15.9　100 倍折射光显微：轻微筋脉纹理（釉面老化）痕迹

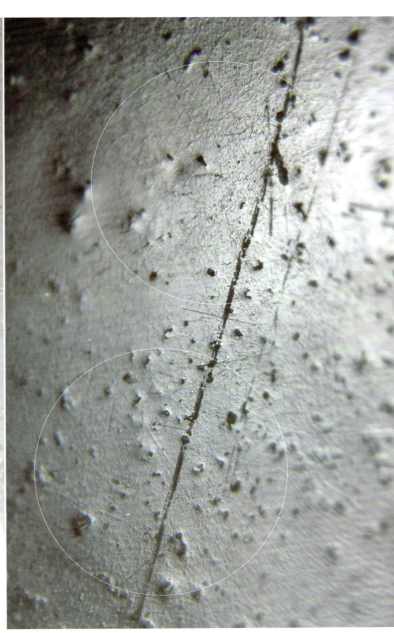

图 3.15.10 100 倍显微：釉下棉絮状白色钙化晶体斑
块（土沁）痕迹

图 3.15.11 100 倍折射光显微: 筋脉纹理（釉面老化）
痕迹

5. 鉴定结论

眼学经验判断器形、胎釉、纹饰特征、制作工艺符合北宋景德镇青白瓷风格。

10 倍 /20 倍放大显像胎体有"风干糯化"感。

50 倍 /100 倍 /200 倍微观显像釉下有自然老化产生的棉絮状白色钙化晶体斑块（土沁）痕迹以及破损气泡内水沁沉积物质的颜色变化，釉面呈现自然老化筋脉纹理（釉面老化）痕迹，未发现现代做旧痕迹。

综合判断，景德镇窑青白釉刻花团凤纹花口碗为北宋真品。

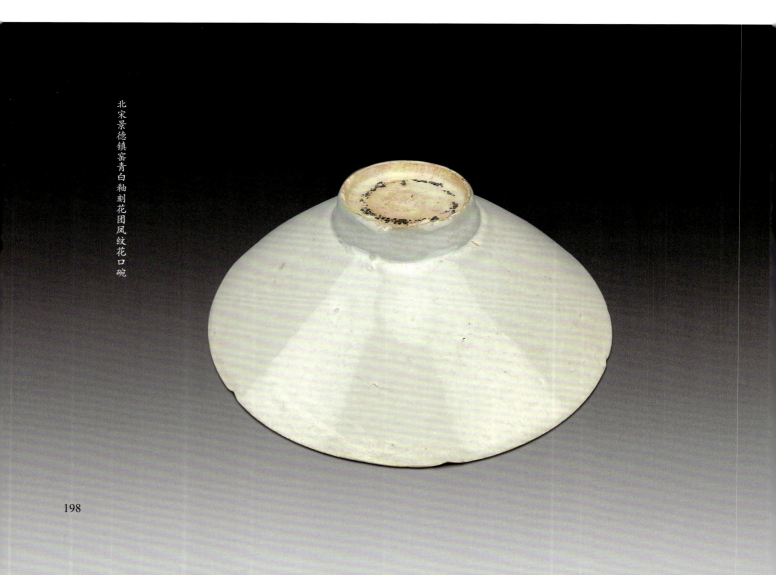

北宋景德镇窑青白釉刻花团凤纹花口碗

十六、北宋景德镇窑青白釉刻划波浪纹大碗

1. 宏观采集图像

见图 3.16.1—3.16.3。

2. 眼学经验解读

口径 18.7、高 5.2 厘米。敞口，浅弧腹，大圆底，浅圈足。外底无釉，有垫饼痕迹。外壁光素无饰；内壁刻划波浪纹，波浪层层叠绕，影印于湖蓝釉色中，宛如风中湖水之动感，构思巧妙，刀法娴熟流畅。胎质细白坚实，干爽古朴。内外施釉过足，釉质肥厚，釉色白中泛青，釉光莹润。此类碗是宋代日常生活器皿，从纹饰工法的娴熟程度可见工艺之精妙。

图 3.16.1

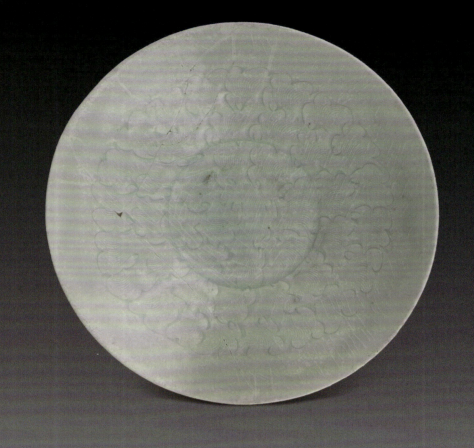

图 3.16.2

图 3.16.3

3. 局部放大采集图像

使用卡兰德手持式双光源环形无影灯放大镜 10 倍 /20 倍直接放大拍照记录。（图 3.16.4—3.16.7）

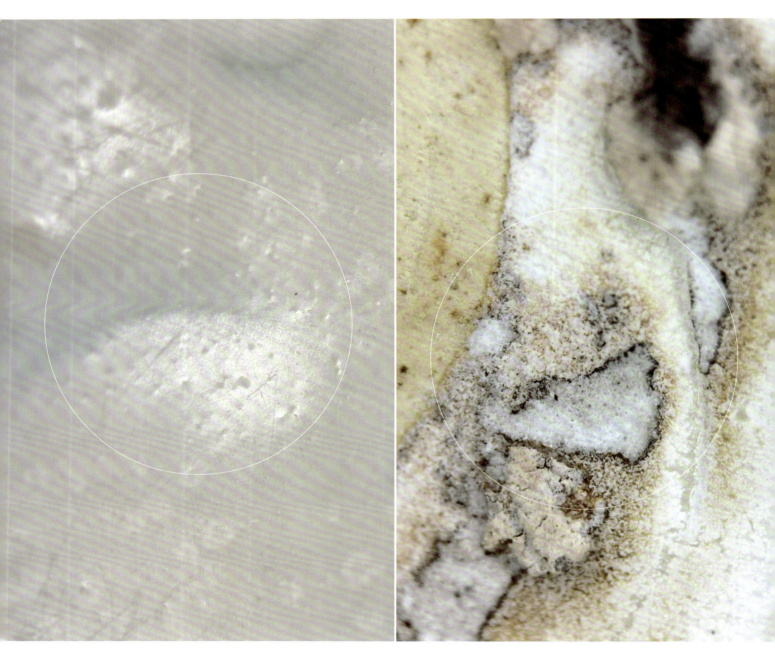

图 3.16.4 放大观察釉光柔润细节　　　　　图 3.16.5 放大观察垫痕细节

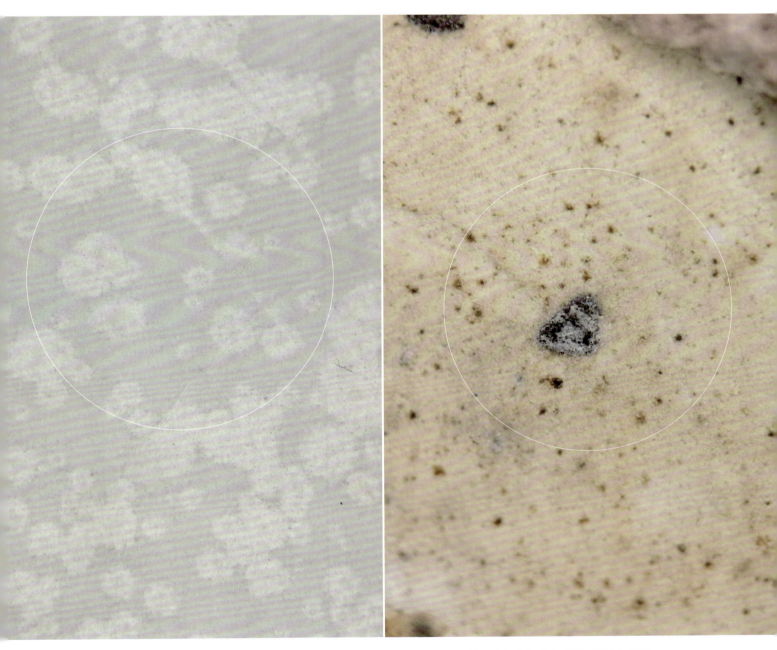

图 3.16.6 放大观察釉内土沁分布　　　　　　　　图 3.16.7 放大观察胎体老化"风干糯化"细节

4. 微观显像痕迹采集图像

使用卡兰德折射光微观痕迹鉴别仪50倍/100倍/200倍直接显微或折射光亮区微观拍照采集老化痕迹。

（图 3.16.8—3.16.11）

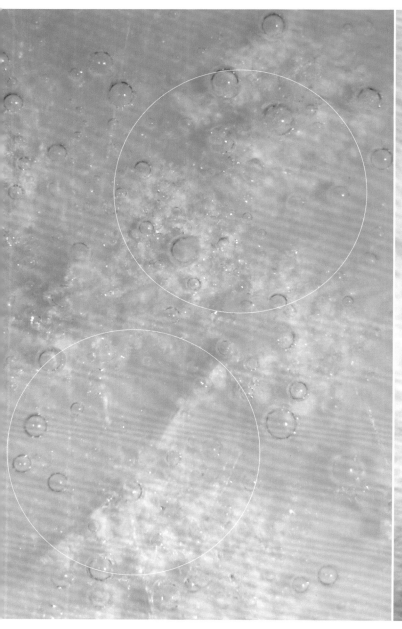

图 3.16.8 100倍显微：釉下棉絮状白色钙化晶体斑块（土沁）痕迹

图 3.16.9 100倍折射光显微：明显筋脉纹理（釉面老化）痕迹

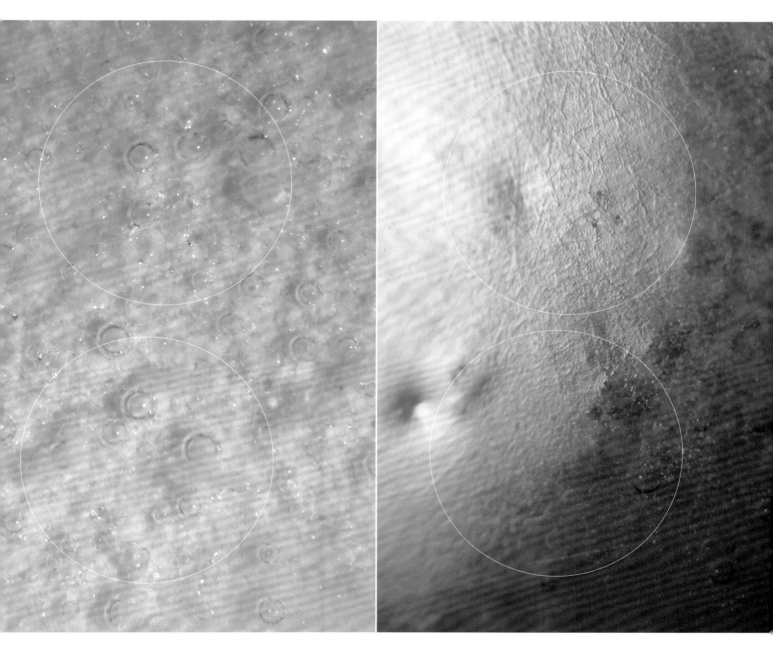

图 3.16.10 200 倍显微：釉下棉絮状白色钙化晶体斑块（土沁）痕迹

图 3.16.11 200 倍折射光显微：明显筋脉纹理（釉面老化）痕迹

5. 鉴定结论

眼学经验判断器形、胎釉、纹饰特征、制作工艺符合北宋景德镇青白瓷风格。

10倍/20倍放大显像胎体有"风干糯化"感。

50倍/100倍/200倍微观显像釉下有自然老化产生的棉絮状白色钙化晶体斑块（土沁）痕迹以及破损气泡内水沁沉积物质的颜色变化，釉面呈现自然老化筋脉纹理（釉面老化）痕迹，未发现现代做旧痕迹。

综合判断，景德镇窑青白釉刻划波浪纹大碗为北宋真品。

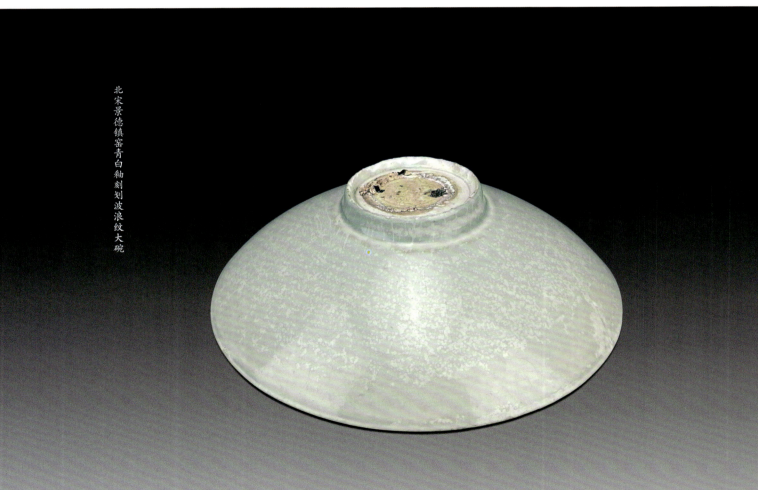

北宋景德镇窑青白釉刻划波浪纹大碗

十七、北宋景德镇窑青白釉刻划牡丹纹大碗

1. 宏观采集图像

见图 3.17.1—3.17.3。

2. 眼学经验解读

口径 19.5、高 6.9 厘米。口沿微外撇，六瓣花形口，斜直腹微弧，底平圆，浅圈足。外底有垫饼痕迹。外壁光素无饰；内壁饰刻划折枝牡丹纹，工笔随意，牡丹怒放，刀法刚劲有力、犀利流畅。胎质细白、坚实，干爽古朴。内外施釉过足，足端裹釉，釉质肥厚，釉色白中泛青，釉光莹润。此类碗是宋代日常生活器皿，从纹饰工法的娴熟程度可见工艺之精妙。

图 3.17.1

图 3.17.2

图 3.17.3

3. 局部放大采集图像

使用卡兰德手持式双光源环形无影灯放大镜 10 倍 /20 倍直接放大拍照记录 。（图 3.17.4—3.17.7）

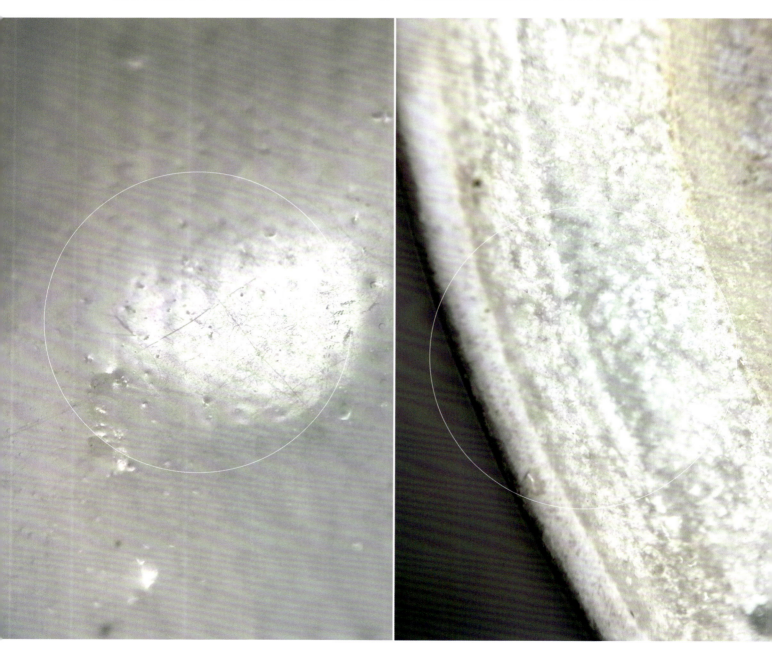

图 3.17.4 放大观察釉光柔润细节　　　　　　　　图 3.17.5 放大观察胎体细节

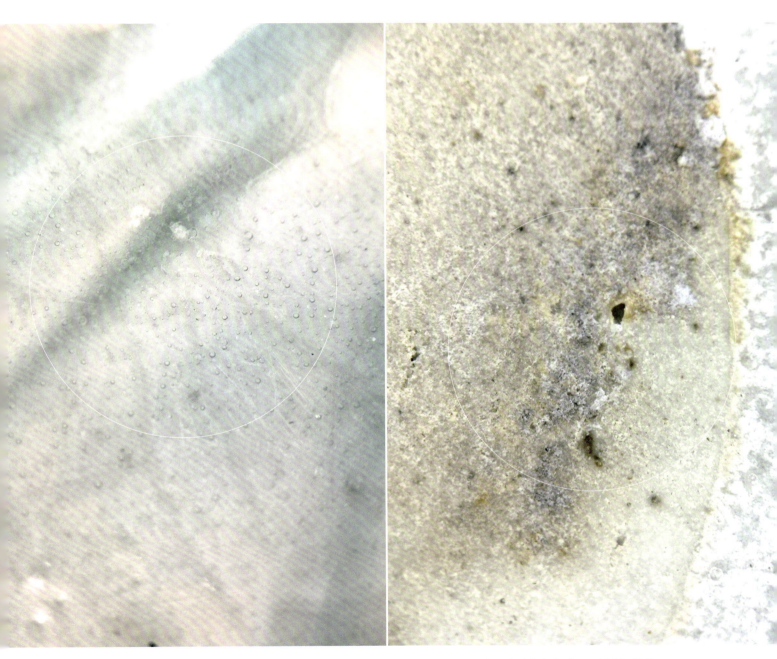

图 3.17.6 放大观察釉内土沁分布　　　　　　　　图 3.17.7 放大观察胎体老化"风干糯化"细节

4. 微观显像痕迹采集图像

使用卡兰德折射光微观痕迹鉴别仪50倍/100倍/200倍直接显微或折射光亮区微观拍照采集老化痕迹。
（图 3.17.8—3.17.11）

图 3.17.8　100倍显微：釉下棉絮状白色钙化晶体斑块（土沁）痕迹

图 3.17.9　100倍折射光显微：明显筋脉纹理（釉面老化）痕迹

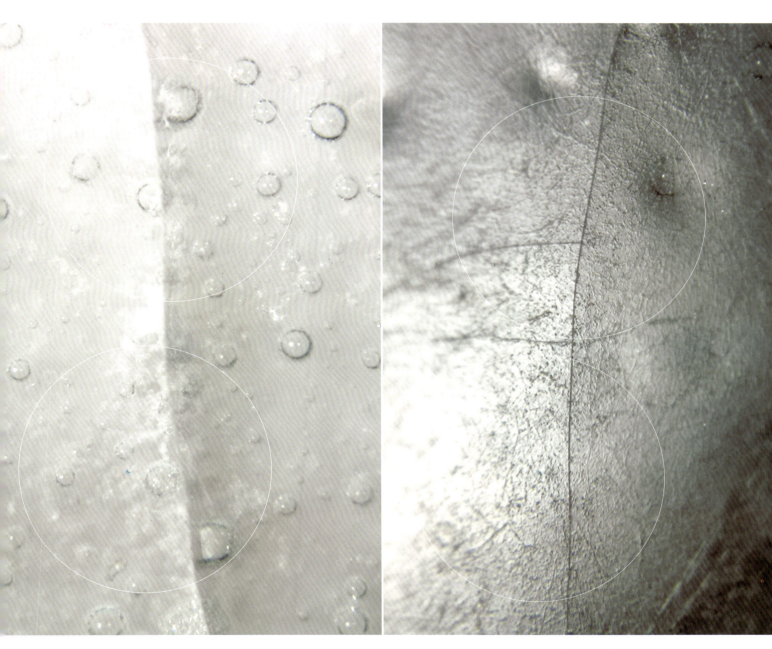

图 3.17.10 200 倍显微：釉下棉絮状白色钙化晶体斑块（土沁）痕迹

图 3.17.11 200 倍折射光显微：明显筋脉纹理（釉面老化）痕迹

5. 鉴定结论

眼学经验判断器形、胎釉、纹饰特征、制作工艺符合北宋景德镇青白瓷风格。

10 倍 /20 倍放大显像胎体有"风干糯化"感。

50 倍 /100 倍 /200 倍微观显像釉下有自然老化产生的棉絮状白色钙化晶体斑块（土沁）痕迹以及破损气泡内水沁沉积物质的颜色变化，釉面呈现自然老化筋脉纹理（釉面老化）痕迹，未发现现代做旧痕迹。

综合判断，景德镇窑青白釉刻划牡丹纹大碗为北宋真品。

北宋景德镇窑青白釉刻划牡丹纹大碗

十八、南宋景德镇窑青白釉印花莲塘双鱼纹芒口洗

1. 宏观采集图像

见图 3.18.1—3.18.3。

2. 眼学经验解读

口径 10.5、高 1.8 厘米。芒口，壁斜微弧，平底，覆烧时底向内塌陷鼓起，平足。内壁模印一圈回形纹，下模印一周千重莲瓣纹，莲瓣密布呈交错放射状排列，犹如光环；内底两侧各模印一朵莲花，莲花怒放而硕大，旁模印双鱼纹，鱼尾鳍上挑作游弋状，间空饰碎花及水波纹。胎质细白，古朴干爽，修坯薄而通体透光。内外施满釉，釉色白中泛青，器身遍布湖蓝，釉面肥润莹翠。此洗纹饰清晰而细密，胎质白腻，釉色匀净滋润，自然光下通体透光，烧造十分精良。

图 3.18.1

图 3.18.2

图 3.18.3

3. 局部放大采集图像

使用卡兰德手持式双光源环形无影灯放大镜 10 倍 /20 倍直接放大拍照记录。（图 3.18.4—3.18.7）

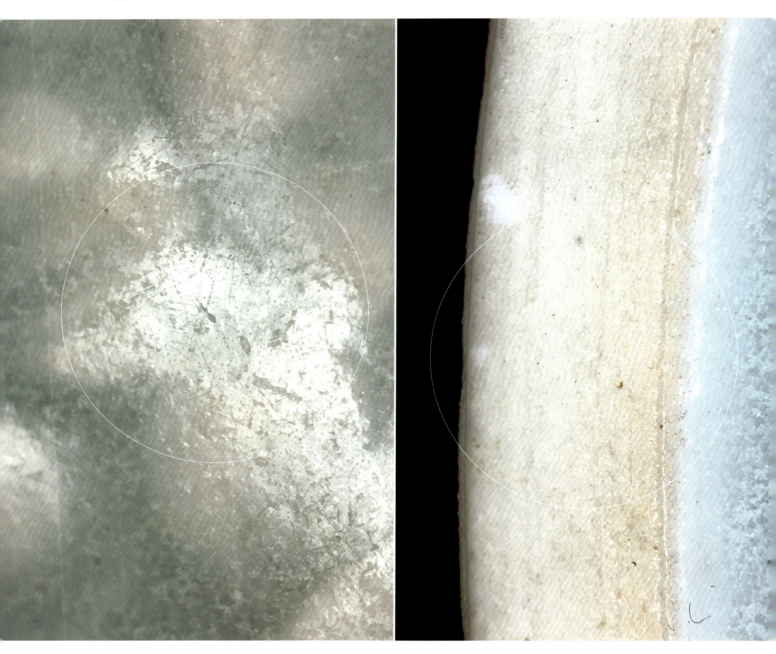

图 3.18.4 放大观察釉光柔润细节　　　　　　　图 3.18.5 放大观察胎体老化"风干糯化"细节

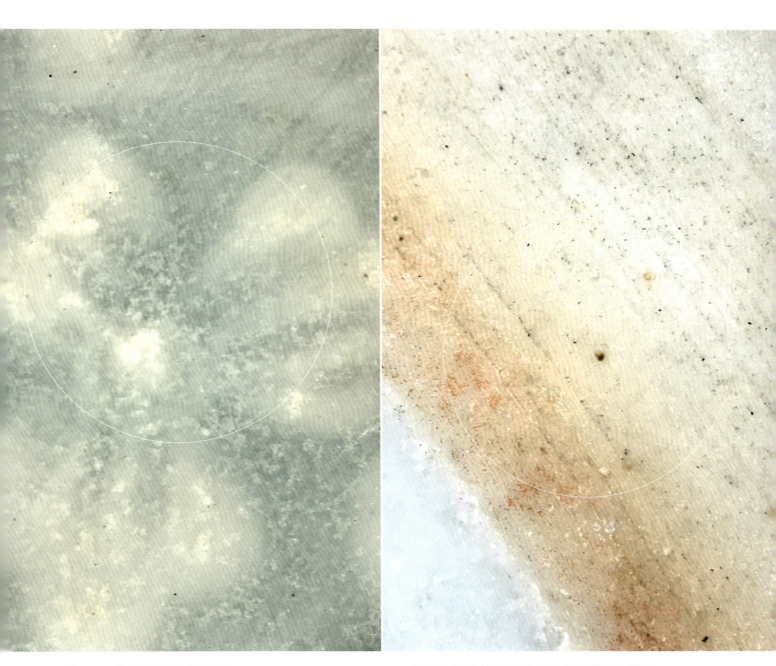

图 3.18.6 放大观察釉内土沁分布　　　　　　图 3.18.7 放大观察胎体老化"风干糯化"细节

4. 微观显像痕迹采集图像

使用卡兰德折射光微观痕迹鉴别仪50倍/100倍/200倍直接显像或折射光亮区微观拍照采集老化痕迹。

（图 3.18.8—3.18.11）

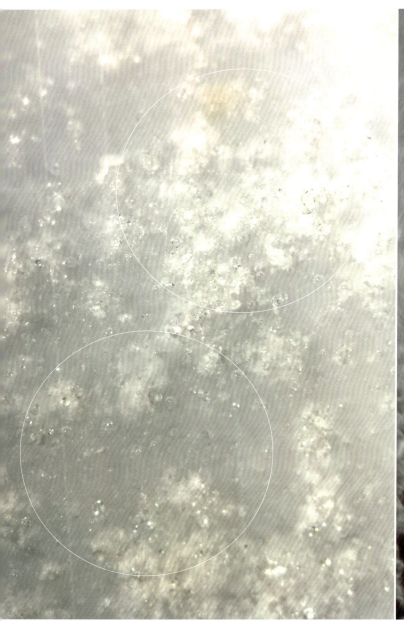

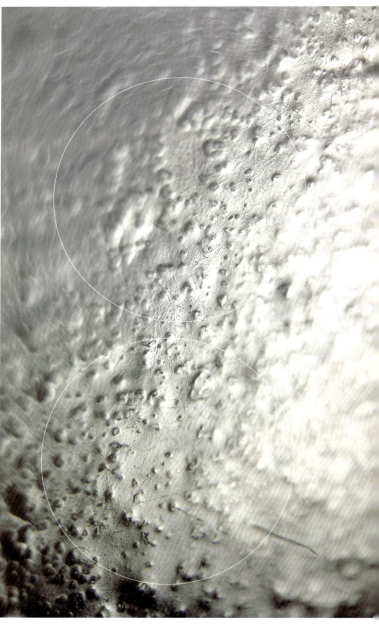

图 3.18.8 100 倍显微：釉下棉絮状白色钙化晶体斑块（土沁）痕迹不明显

图 3.18.9 100 倍折射光显微：筋脉纹理（釉面老化）痕迹

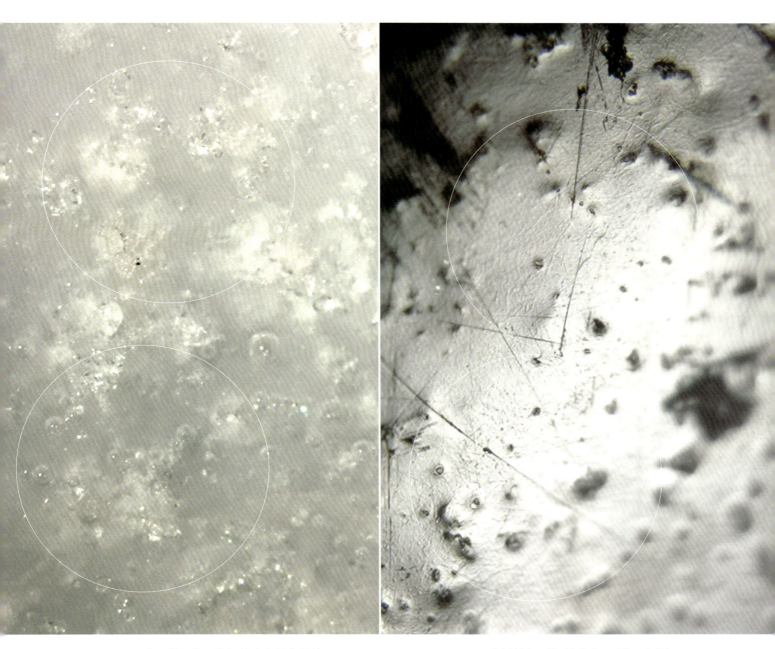

图 3.18.10 200 倍显微：釉下棉絮状白色钙化晶体
斑块（土沁）痕迹不明显

图 3.18.11 200 倍折射光显微: 筋脉纹理（釉面老化）
痕迹

5. 鉴定结论

眼学经验判断器形、胎釉、刻划纹饰、制作工艺符合南宋景德镇窑青白瓷风格。

10 倍 /20 倍放大显像胎体有"风干糯化"感。

50 倍 /100 倍 /200 倍微观显像釉下有自然老化产生的棉絮状白色钙化晶体斑块（土沁）痕迹以及破损气泡内水沁沉积物质的颜色变化，釉面呈现自然老化筋脉纹理（釉面老化痕迹），未发现现代做旧痕迹。

综合判断，景德镇湖田窑青白釉印花莲塘双鱼纹芒口洗为南宋真品。

南宋景德镇窑青白釉印花莲塘双鱼纹芒口洗

现代仿古景德镇青白瓷
鉴定实例

掌握痕迹鉴定不仅要了解古瓷痕迹信息，更要了解现代仿古瓷的痕迹信息，做到反证真伪、去伪存真。本章以实物为例，简要介绍现代仿古景德镇青白釉瓷器的判断依据。

一、现代仿元代景德镇窑青白釉双龙衔口小高足杯

1. 宏观采集图像

见图 4.1.1—4.1.5。

2. 眼学经验解读

口径 8.5、高 10 厘米。芒口，内壁深弧，高圈足外撇。杯身两侧对称贴塑两螭龙为耳，龙首不挂釉。胎质细白均匀，生湿细腻。内外施釉至足边，圈足内施釉，釉质肥厚，釉色青中泛白，釉光柔润。此杯尽力仿制元代青白瓷的特征，胎釉都经化学做旧。

图 4.1.1

图 4.1.2　　　　图 4.1.3

图 4.1.4　　　　图 4.1.5

3. 局部放大采集图像

使用卡兰德手持式双光源环形无影灯放大镜 10 倍 /20 倍直接放大拍照记录。（图 4.1.6—4.1.9）

图 4.1.6 放大观察釉光做旧细节

图 4.1.7 放大观察胎体做旧 "生湿细腻" 细节

图 4.1.8 放大观察现代贴塑工艺细节　　　　　　　图 4.1.9 放大观察胎体做旧"生湿细腻"细节

4. 微观显像痕迹采集图像

使用卡兰德折射光微观痕迹鉴别仪 50 倍/100 倍/200 倍直接显像或折射光亮区微观拍照采集各项痕迹。

（图 4.1.10—4.1.13）

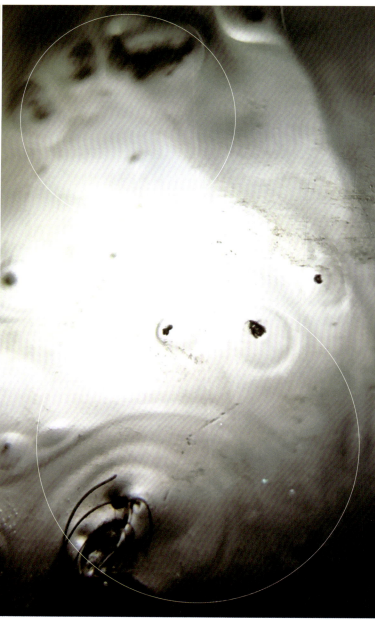

图 4.1.10 100 倍显微：釉内分散形态的白色新增矿物晶体未熔化颗粒（仿土沁）痕迹

图 4.1.11 200 倍折射光显微：釉面局部经过化学处理痕迹

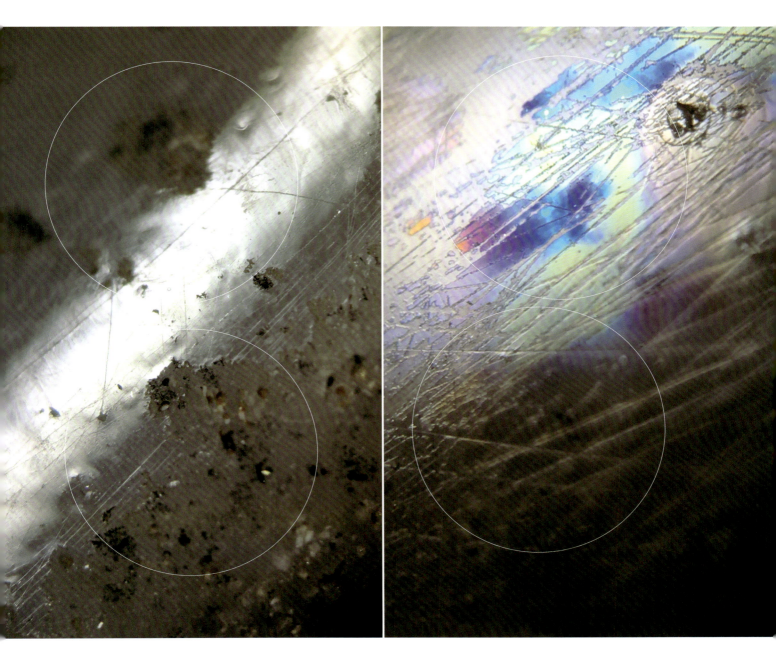

图 4.1.12 100 倍折射光显微：釉面局部腐蚀痕迹以及人为打磨痕迹

图 4.1.13 100 倍折射光显微：化学方法制作的釉面蛤蜊光痕迹以及人为打磨痕迹

5. 鉴定结论

眼学经验判断器形、胎釉、贴塑纹饰、制作工艺近似元代景德镇青白瓷风格。

10 倍 /20 倍放大显像胎体有"生湿细腻"感。

50 倍 /100 倍 /200 倍微观显像釉层内有分散形态的白色新增矿物晶体未熔化颗粒（仿土沁）痕迹，釉面呈现局部经过处理的化学腐蚀痕迹、人为打磨痕迹和化学方法制作的蛤蜊光痕迹，没有发现自然老化痕迹。

综合判断，景德镇窑青白釉双龙衔口小高足杯是现代仿古瓷。

现代仿元代景德镇窑青白釉双龙衔口小高足杯

二、现代仿南宋景德镇窑青白釉鼓丁纹三足炉

1. 宏观采集图像

见图 4.2.1—4.2.3。

2. 眼学经验解读

口径 13.8、高 7.3 厘米。仿鼓形，以上箍为口，平口内收，圈足挖三处塑成三足。口部、底部装饰有鼓丁。胎质细白均匀，生湿细腻。内外施釉至足边，釉质肥厚，釉色青中泛白，釉光柔润。此三足炉尽力仿制南宋时期青白瓷的特征，胎釉都经化学做旧。

图 4.2.1

图 4.2.2

图 4.2.3

3. 局部放大采集图像

使用卡兰德手持式双光源环形无影灯放大镜 10 倍 /20 倍直接放大拍照记录。（图 4.2.4—4.2.7）

图 4.2.4 放大观察釉光做旧细节　　　　　图 4.2.5 放大观察胎体做旧"生湿细腻"细节

图 4.2.6 放大观察现代仿土沁细节　　　　　　　　　　图 4.2.7 放大观察胎体做旧"生湿细腻"细节

4. 微观显像痕迹采集图像

使用卡兰德折射光微观痕迹鉴别仪50倍/100倍/200倍直接显像或折射光亮区微观拍照采集各项痕迹。

（图 4.2.8—4.2.13）

图 4.2.8 200 倍显微：釉面经化学腐蚀破损，腐烂处呈现白色碱性粉末斑块（仿土沁）痕迹

图 4.2.9 200 倍折射光显微：釉面经化学腐蚀破损痕迹

图 4.2.10　100 倍显微：釉面局部经化学处理，腐烂
处呈现碱性粉末斑块（仿土沁）痕迹以及黄泥物质
的附着痕迹

图 4.2.11　100 倍折射光显微：釉面上相同形态的化
学腐蚀破损痕迹

图 4.2.12 100 倍显微：化学腐蚀的破损气泡内有人为污染的单一黄泥物质，没有颜色的深浅区别

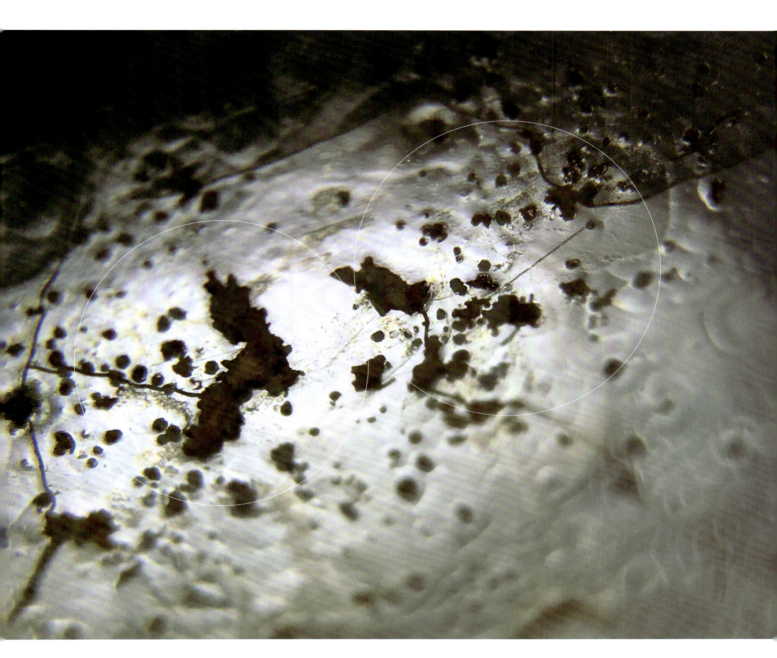

图 4.2.13 100 倍折射光显微：釉面上相同形态的腐烂痕迹

5. 鉴定结论

眼学经验判断器形、胎釉、贴塑纹饰、制作工艺近似南宋景德镇青白瓷风格。

10 倍 /20 倍放大显像胎体有"生湿细腻"感。

50 倍 /100 倍 /200 倍微观显像釉表经化学腐蚀破损，釉面上有相同形态的化学腐蚀破损痕迹，腐烂处呈现白色碱性粉末斑块（仿土沁）痕迹，化学腐蚀的破损气泡内人为污染的单一黄泥物质（仿水沁）没有颜色的深浅区别，未发现自然老化痕迹。

综合判断结论，景德镇窑青白釉鼓丁纹三足炉是现代仿古瓷。

现代仿南宋景德镇窑青白釉鼓丁纹三足炉

三、现代仿宋代景德镇窑青白釉有台托盏

1. 宏观采集图像

见图 4.3.1—4.3.3。

2. 眼学经验解读

盏口径 10 厘米，托径 14、高 6 厘米，托盏通高 10.5 厘米。高足盏花口弧腹，圈足外撇。高足托花口，圈足外撇，足外壁镂空。托盘如折沿花口碟形，托台如倒扣于碟中的小杯，造型巧妙、雅致。胎质细白，生湿细腻。通体施釉至底，釉质肥厚，白中泛青，釉光发闷。此托盏仿宋代青白瓷经典器形，经化学做旧。

图 4.3.1

图 3.13.2

图 3.13.3

3. 局部放大采集图像

使用卡兰德手持式双光源环形无影灯放大镜 10 倍 /20 倍直接放大拍照记录。（图 4.3.4—4.3.7）

图 4.3.4 放大观察柔和釉光做旧细节　　　　　　图 4.3.5 放大观察胎体做旧"生湿细腻"细节

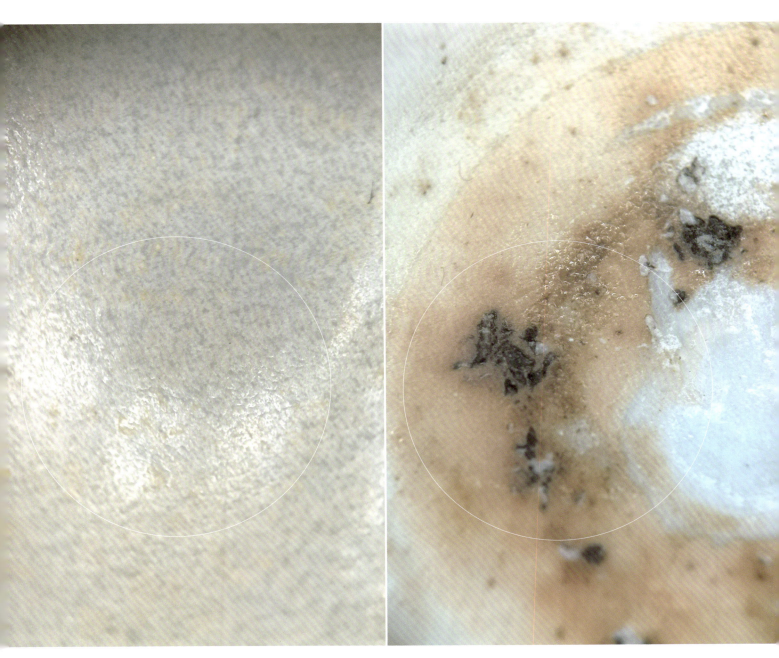

图 4.3.6 放大观察现代仿土沁细节   图 4.3.7 放大观察胎体做旧"生湿细腻"细节

4. 微观显像痕迹采集图像

使用卡兰德折射光微观痕迹鉴别仪50倍/100倍/200倍直接显像或折射光亮区微观拍照采集各项痕迹。

（图 4.3.8—4.3.11）

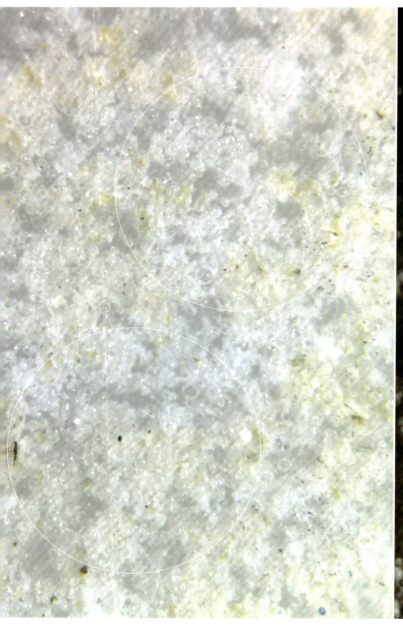 

图 4.3.8 100倍显微：釉面经化学腐蚀破损，腐烂处仅表层呈现棉絮状白色晶体斑块（仿土沁）痕迹

图 4.3.9 100倍折射光显微：釉面经化学腐蚀破损痕迹

图 4.3.10　100 倍显微：釉面经化学处理，腐烂处仅表层呈现棉絮状白色晶体斑块（仿土沁）痕迹，且有黄泥物质的附着痕迹

图 4.3.11　100 倍折射光显微：釉面经化学腐蚀破损痕迹

5. 鉴定结论

眼学经验判断器形、胎釉、制作工艺近似宋代景德镇青白瓷风格。

10 倍 /20 倍放大显像胎体有"生湿细腻"感。

50 倍 /100 倍 /200 倍微观显像釉面经化学腐蚀破损，釉面上有相同形态的化学腐蚀破损痕迹，腐烂处仅表层呈现棉絮状白色晶体斑块（仿土沁）痕迹，化学腐蚀破损气泡内人为污染单一黄泥物质（仿水沁）没有颜色的深浅区别，未发现自然老化痕迹。

综合判断，景德镇窑青白釉有台托盏是现代仿古瓷。

现代仿宋代景德镇窑青白釉有台托盏

四、现代仿南宋景德镇窑青白釉刻划花牡丹纹斗笠大碗

1. 宏观采集图像

见图 4.4.1—4.4.3。

2. 眼学经验解读

口径 17.7、高 6.4 厘米。敞口，斜直壁，平圆底，浅圈足。外底有垫饼痕迹。外壁光素无饰；内壁刻划缠枝牡丹纹，枝蔓交错蜿蜒，环壁勾绕，侧叶对生，牡丹花怒放。肉眼感觉胎体古朴干爽，胎质细白。内外施釉过足，足端裹釉，釉质肥厚，釉色白中泛青，釉光莹润。此斗笠碗仿南宋青白瓷经典器形，造型、纹饰、胎釉，仿制均比较到位。

图 4.4.1

图 4.4.2

图 4.4.3

3. 局部放大采集图像

使用卡兰德手持式双光源环形无影灯放大镜 10 倍 /20 倍直接放大拍照记录。（图 4.4.4—4.4.7）

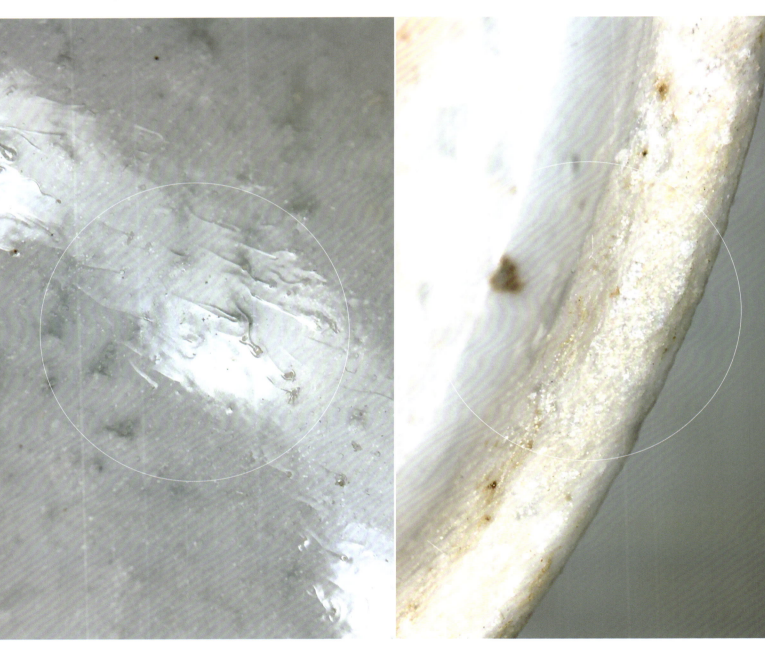

图 4.4.4 放大观察柔和釉光做旧细节   图 4.4.5 放大观察胎体做旧"生湿细腻"细节

图 4.4.6 放大观察现代仿土沁细节   图 4.4.7 放大观察胎体做旧"乞湿细腻"细节

4. 微观显像痕迹采集图像

使用卡兰德折射光微观痕迹鉴别仪50倍/100倍/200倍直接显像或折射光亮区微观拍照采集各项痕迹。

（图 4.4.8—4.4.13）

图 4.4.8 100 倍显微：釉表层分散形态的白色新增矿物晶体未熔化颗粒（仿土沁）痕迹

图 4.4.9 200 倍折射光显微：化学方法制作的釉面蛤蜊光痕迹以及人为打磨痕迹

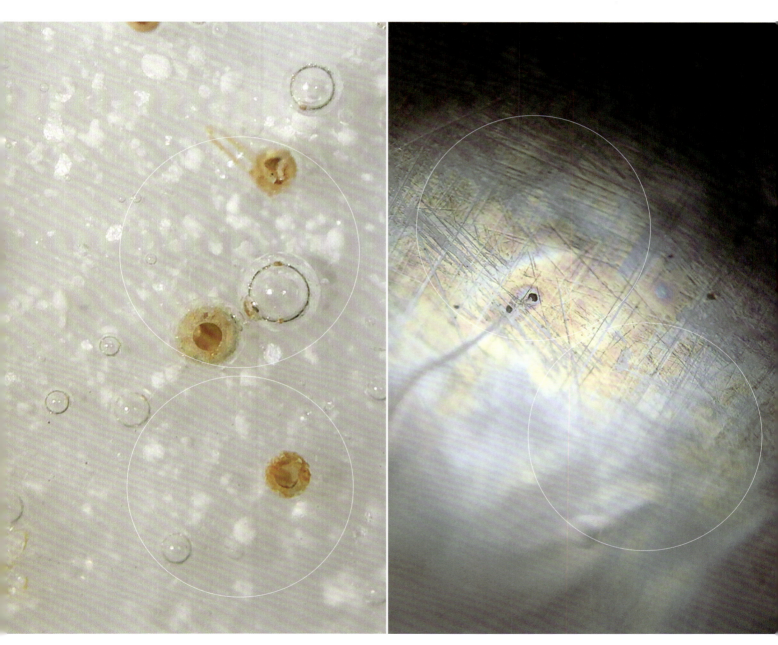

图 4.4.10　200 倍显微：釉表层分散形态的白色新增
矿物晶体未熔化颗粒（仿土沁）痕迹，破损气泡内
有黄泥浸入痕迹

图 4.4.11　100 倍折射光显微：化学方法制作的釉面
蛤蜊光痕迹以及人为打磨痕迹

图 4.4.12 100 倍显微：用于防止粘连的氧化铝粉颗粒残留痕迹

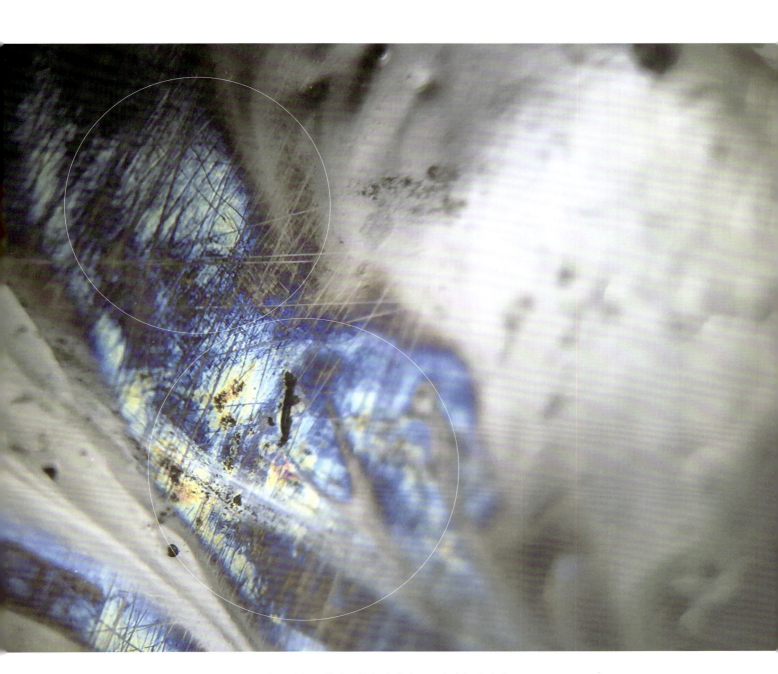

图 4.4.13 100 倍折射光显微：化学方法制作的釉面蛤蜊光痕迹以及人为打磨痕迹

5. 鉴定结论

眼学经验判断器形、胎釉、刻划纹饰、制作工艺近似南宋景德镇青白瓷风格。

10 倍 /20 倍放大显像胎体有"生湿细腻"感。

50 倍 /100 倍 /200 倍微观显像釉表层有分散形态的白色新增矿物晶体未熔化颗粒（仿土沁）痕迹，釉面呈现人为打磨的物理做旧痕迹，破损气泡内有黄泥物质浸入（仿水沁）但没有颜色的深浅区别；胎体底足有现代电气窑炉用于防止粘连的高温氧化铝粉颗粒残留痕迹；胎釉均未发现自然老化痕迹。

综合判断，景德镇窑青白釉刻划花牡丹纹斗笠大碗是现代仿古瓷。

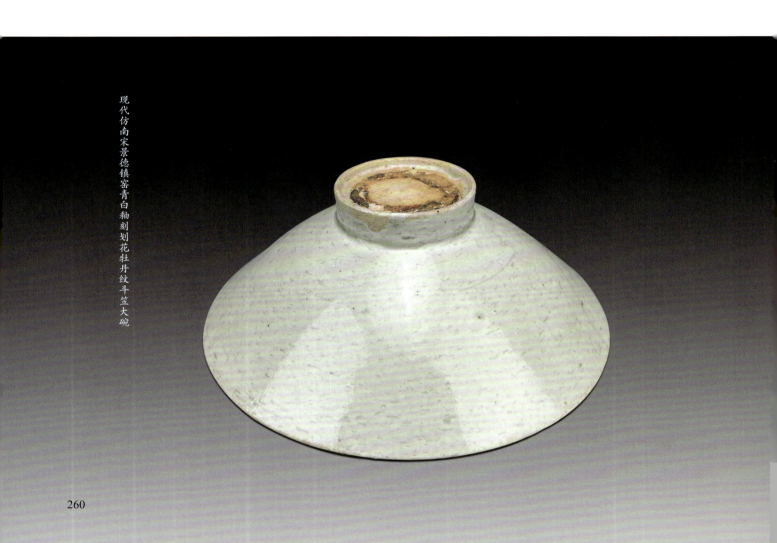

现代仿南宋景德镇窑青白釉刻划花牡丹纹斗笠大碗

五、现代仿南宋景德镇窑青白釉瓜棱执壶

1. 宏观采集图像

见图 4.5.1—4.5.3。

2. 眼学经验解读

口径 6.5、腹径 12、高 21.1 厘米。敞口，长束颈，长弧腹，圈足。肩部前后对称置一弯曲长流和一扁带执柄。腹部压出瓜棱形，饰弦纹。胎质白细，生湿细腻。外施釉至底，釉色白中泛淡青，釉光莹润。此件执壶仿南宋稀有品类，器身硕大，造型饱满，制作规整，釉面可见物理做旧痕迹。

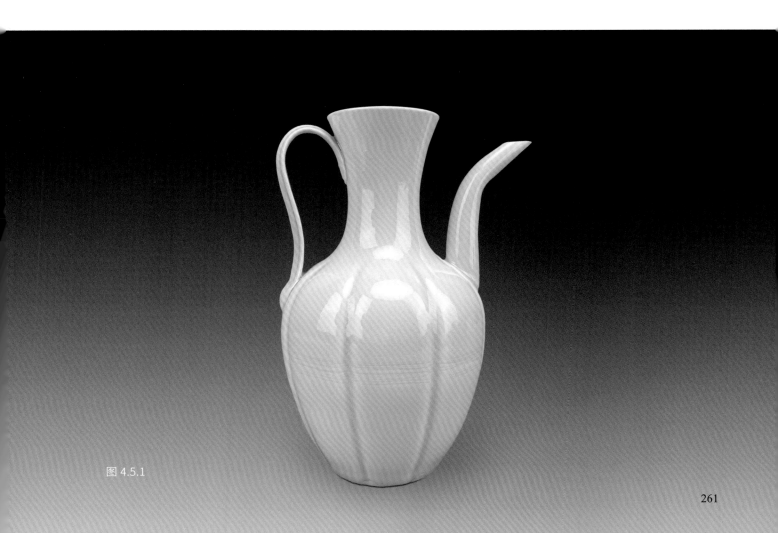

图 4.5.1

图 4.5.2

图 4.5.3

3. 局部放大采集图像

使用卡兰德手持式双光源环形无影灯放大镜 10 倍 /20 倍直接放大拍照记录。（图 4.5.4—4.5.7）

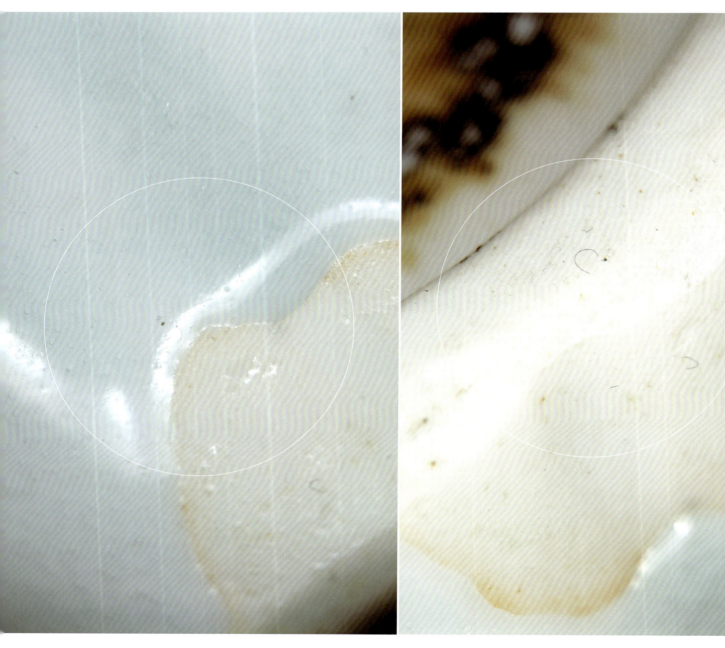

图 4.5.4 放大观察柔和釉光做旧细节　　　　图 4.5.5 放大观察胎体做旧"生湿细腻"细节

图 4.5.6 放大观察釉面局部细节　　　　　　　图 4.5.7 放大观察胎体做旧"生湿细腻"细节

4. 微观显像痕迹采集图像

使用卡兰德折射光微观痕迹鉴别仪50倍/100倍/200倍直接显像或折射光亮区微观拍照采集各项痕迹。

（图 4.5.8—4.5.13）

图 4.5.8 100 倍显微：釉面未见化学做旧痕迹　　　　图 4.5.9 100 倍折射光显微：釉面有人为打磨痕迹

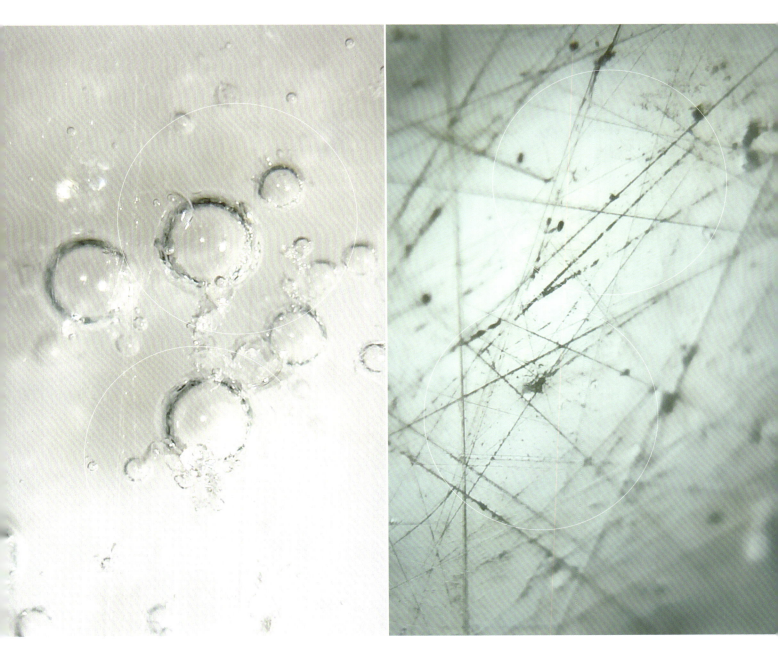

图 4.5.10 200 倍显微：釉面未见化学做旧痕迹　　　　图 4.5.11 100 倍折射光显微：釉面有人为打磨痕迹

图 4.5.12　100 倍显微：用于防止粘连的氧化铝粉颗粒残留痕迹

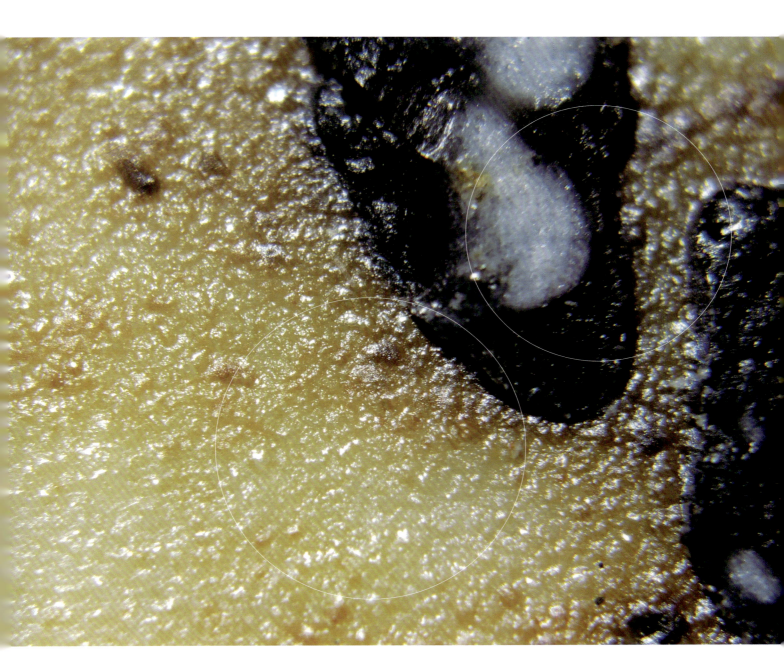

图 4.5.13 100 倍显微：现代垫烧痕迹，未经做旧，"生湿细腻"感明显

5. 鉴定结论

眼学经验判断器形、胎釉、制作工艺近似南宋景德镇湖田窑青白瓷风格。

10倍/20倍放大显像胎体有"生湿细腻"感。50倍/100倍/200倍显微可见现代电气窑炉垫烧时用于防止粘连的高温氧化铝粉颗粒残留痕迹，釉面有人为打磨的硬伤痕迹，未发现自然老化痕迹。

综合判断，景德镇窑青白釉瓜棱执壶为现代仿古瓷。

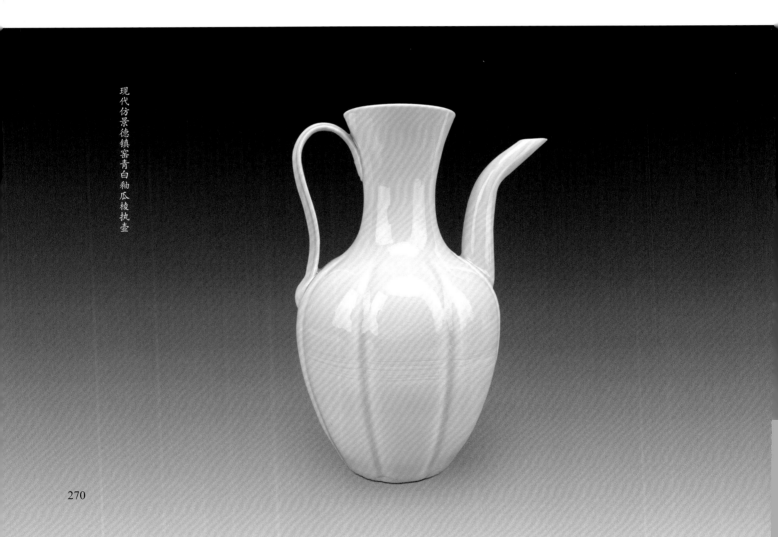

现代仿景德镇窑青白釉瓜棱执壶

六、现代仿宋代景德镇窑青白釉划花婴戏纹卧足出筋花口碟

1. 宏观采集图像

见图 4.6.1—4.6.3。

2. 眼学经验解读

直径 11.2、高 2.1 厘米。敞口，七瓣花形口，内壁微弧，卧足。外底有垫饼痕迹。花口下沿七道出筋。内底刻划婴戏纹，儿童坐于草地上戏耍，工法娴熟流畅。胎质细白，生湿细腻，修坯薄而通体透光。内外施釉过足，釉色白中泛青，釉光柔润。此碟精巧别致，胎质白腻，修坯轻薄，釉色匀净滋润，修足细致，仿制较到位，胎釉有化学做旧痕迹。

图 4.6.1

图 4.6.2

图 4.6.3

3. 局部放大采集图像

使用卡兰德手持式双光源环形无影灯放大镜 10 倍 /20 倍直接放大拍照记录。（图 4.6.4—4.6.7）

图 4.6.4 放大观察釉光柔润细节　　　　　　　　图 4.6.5 放大观察胎体坚实细腻细节

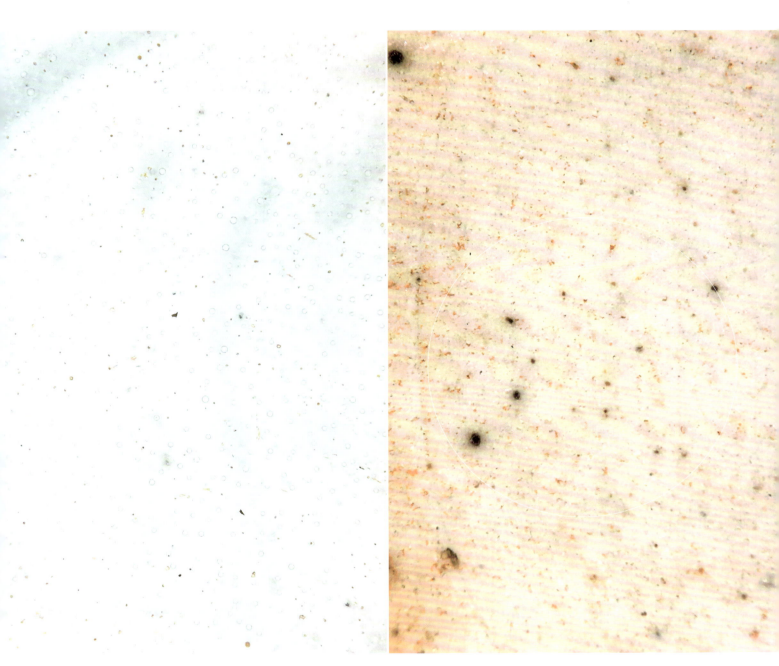

图 4.6.6 放大观察釉内仿土沁分布　　　　　　　　　　　　图 4.6.7 放大观察胎体做旧"生湿细腻"细节

4. 微观显像痕迹采集图像

使用卡兰德折射光微观痕迹鉴别仪50倍/100倍/200倍直接显像或折射光亮区微观拍照采集各种痕迹。

（图 4.6.8—4.6.11）

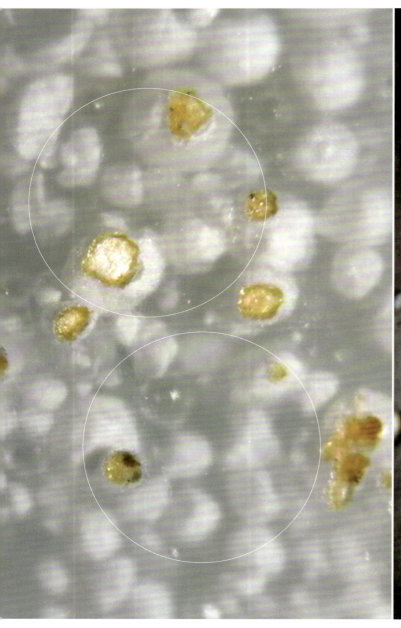 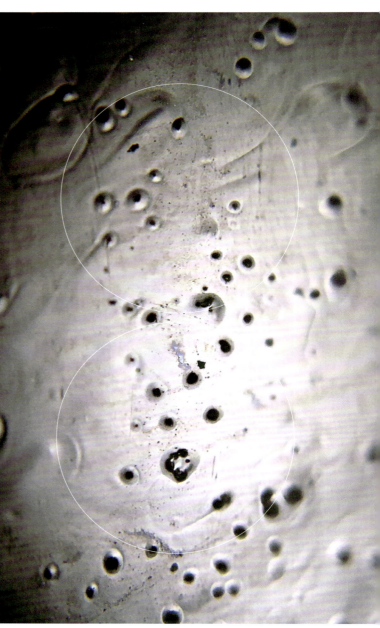

图 4.6.8 200 倍显微：釉内可见分散形态的白色新增矿物晶体未熔化颗粒（仿土沁）痕迹

图 4.6.9 100 倍折射光显微：釉面整体光洁，局部有凸点痕迹

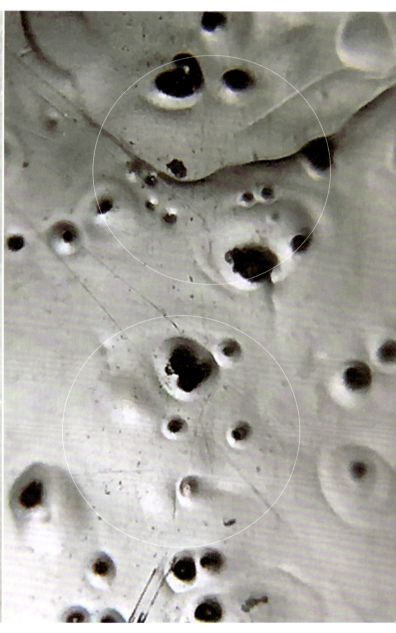

图 4.6.10 100 倍显微：化学腐蚀形成的破损气泡内有人为污染的单一黄泥物质，没有颜色的深浅区别

图 4.6.11 200 倍折射光显微：釉面呈现相同形态的腐烂痕迹，无自然老化痕迹，

5. 鉴定结论

眼学经验判断器形、胎釉、刻划纹饰、制作工艺近似宋代景德镇窑青白瓷风格。

10 倍 /20 倍放大显像胎体有"生湿细腻"感。

50 倍 /100 倍 /200 倍微观显像釉内有分散形态的白色新增矿物晶体未熔化颗粒（仿土沁）痕迹，釉面局部可见经化学处理的相同形态腐蚀破损痕迹，破损气泡内有黄泥物质浸入（仿水沁）但没有颜色的深浅区别，未发现自然老化痕迹。

综合判断，景德镇窑青白釉划花婴戏纹卧足出筋花口碟为现代仿古瓷。

现代仿宋代景德镇窑青白釉划花婴戏纹卧足出筋花口碟

附录：瓷器标本微观痕迹采集、解读、存储流程

1.前期工作

挑选由权威性文物研究机构或资深收藏者提供的窑口标本 30—60 件。

准备工具：壁纸刀、不掉纤维的抹布、不干胶标签纸、笔、平台布、专业摄影布（黑色）、专业摄影灯。

准备检测设备：卡兰德经典系列 50 倍和 100 倍折射光微观痕迹鉴别仪、卡兰德 OMG-10X 型双光源环形无影灯放大镜、NF100 型 UVA365mn 紫外线灯、连接手机专用 AX-10 型夹持装置、1000 万像素以上智能手机、卡兰德痕迹采集移动平台支架，单反相机。

2.中期工作

清洁：把准备好的标本用抹布沾清水清洁干净。

标本编号：把清洁好的标本按批次和数量编贴名称和序号。

标本检测：按批次和序号逐一检测记录标本的老化痕迹。

具体操作如下：

宏观图：使用单反相机拍摄器物正面、背面、左侧、右侧、顶部、底部以及圈足胎釉结合处，要求器物充满画面。用卡兰德 UVA 紫外线灯检查是否有修复痕迹和沁入物质，有修复沁入者拍照记录。

局部图：拍摄器物正面、背面、左侧、右侧、顶部、底部以及圈足胎釉结合处，使用卡兰德 OMG-10X 放大镜连接手机，10 倍状态下拍 5 张，20 倍状态下拍摄所有特征。目的是将标本局部放大，对器表光泽、附着物、气泡特征、老化特征做记录。

显微和折射光显微图：拍摄器物正面、背面、左侧、右侧、顶部、底部以及圈足胎釉结合处，使用卡兰德 UVA-50X 或 UVA-100X 连接手机，50 倍状态下拍 5 张，100 — 400 倍状态下按需求记录全部特征。同一位置显微与折射光显微需同时拍照记录。

特殊痕迹显微与折射光显微图：查找器物典型特征如开片、蛤蜊光、釉下彩和釉上彩瓷的不同彩色、土沁、表面附着物等等，对所拍照位置进行标记，使用卡兰德 UVA-

50X 或 UVA-100X 连接手机拍摄器物典型特征，50 倍状态下拍 5 张，100—400 倍状态下按需求记录全部特征。同一位置显微与折射光显微需同时拍照记录。

3. 末期工作

记录和存储数据：同批次同窑口标本按胎釉数据同步记录，文件夹命名按窑口区别，如：汝窑完整件（残件）真品（赝品）痕迹。

痕迹解读：由具有眼学经验和痕迹采集经验的专业人员对比痕迹解读真伪，以图文形式记录解读的信息。

数据归档：将编制好的信息数据存入数据库，同时做好数据备份。